僕の叔父さん　網野善彦

中沢新一
Nakazawa Shinichi

a pilot of wisdom

目次

私がはじめて網野さんと
出会ったのは、1955年頃
だった。

私の前にあらわれた網野
さんは、こんな感じの人
だった。

記念の石は建てないがいい　ただ年毎に
薔薇の花を彼のために咲かせるがいい
なぜならそれはオルフォイス　あれやこれのなかの
彼の変身なのだ　ほかの名前を

私たちは苦しんで求めることはない　歌うものがあるとき
それは必ずオルフォイスだ　彼は来て行く
時たま彼が二三日　薔薇の花より生き永《なが》えるとき
それはもう大したことではなかろうか？

『リルケ詩集』富士川英郎・訳／新潮文庫

第一章　『蒙古襲来』まで

アマルコルド（私は思い出す）

網野善彦は私の叔父にあたる人であった。正確に言うと、私の父親であった中沢厚《あつし》の妹にあたる真知子叔母の結婚した相手が、当時はまだ駆け出しの歴史学者だった網野さんだったのである。二人は渋澤敬三の主宰していた常民文化研究所で知り合ったのだ、と聞かされていた。「レンアイケッコン」という言葉が、何度もみんなの口から出てきていた。その言葉が口にされるたびに、あたりに甘い香りが漂ってくるのを、まだ幼い私でも感じることができた。

祖父が早く亡くなってしまっていたために、父の兄弟たちは真知子叔母のことを父親がわりになって、かわいがっていた。そのかわいい妹が、少し遅咲きだったが結婚するのである。とりわけ私の父などは民俗学の研究をしていたから、常民文化研究所の動向には並々ならぬ関心を寄せていて、そこの仕事のお手伝いに入った妹が、同じ山梨県の出身で、中世の荘園や漁業史の古文書に埋もれながら研究生活を送っている網野さんと結ばれたことが、よほどうれしかったとみえて、二人がはじめて山梨の実家に挨拶にやってくる日の朝などは、めずらしく私におめかしをさせたあと、いそいそと一人で駅へ迎えに出かけていった。

私はといえば、さわやかな初夏の朝なのに、気分はまったく沈んでいた。あれは一九五五年の五月のことだったから、私はもうすぐ五歳だった。ひどく人見知りをする性格で、対人恐怖症の気味もあった。他人が自分に視線を送っているのに気づくと、もうそれだけで頭に血がのぼって、顔が真っ赤になってしまうのである。どちらかというと、一人で遊んでいるほうが好きだった。だから初対面の人などはまっぴらごめんな気持ちだった。

それなのに、私は東京のいとこのお古のビロードの上着を着せられて、玄関先に座って、叔母さんの結婚相手を笑顔で迎えなければならないのだ。祖母たちは、先方は井ノ上村の網野銀行のご子息で、とても上品な方なのである、だからいつものような品の悪いおちゃらかしを言うものではない、ととくに私には厳重に言い含めていた。まったくこんな気持ちのいい朝に、迷惑なお客さまだこと。私は内心むくれていた。

三十分ほどして、父親が上機嫌で戻ってきた。そのあとから、ちょっと恥ずかしそうにしながら、叔母が入ってきた。それから大きな黒いかばんを手に提げた、異様に背の高い若い男の人が、少し緊張した顔つきをしながら入ってきた。まずいことにその瞬間、私はその男の人とばっちり視線が合ってしまったのだ。しかし、不思議なことに私は狼狽して真っ赤になったりしなかった。それよりも、その男の人の大きいことにびっくりしてしまったのである。

私は挨拶もそこそこに、急いで母親の背中に隠れて、その耳元にこうささやいた。

「あの人はアメリカ人?」。それを聞いてみんなが笑った。

「こちらが網野さんよ」と叔母から紹介されたその人は、背丈が立派であるばかりではなく、とても鼻が高く、ハンサムだった。だから私はてっきりアメリカ兵だと思ってしまったのである。その頃はまだ、ジープに乗って田舎道を走り抜けていくアメリカ兵の姿を見かけることがときどきあった。彼らはとても体格がよく、すっきりと高い鼻筋をしていた。私は内心ひそかに、アメリカ兵たちにあこがれの気持ちをいだいていた。だから、はじめて自分の前にあらわれた網野さんを見たときに、すわっＧＩの出現かと勘違いした私の気持ちには、どこかあこがれの対象を見るような感情が含まれていたのだと、今になっては思う。

初対面にもかかわらず、網野さんと私はすぐに仲よしになった。深い井戸の底から響いてくるような上品な声も好きだったし、大きな目玉をギョロギョロさせながら、子供たちの遊びを興味深げに眺めている、優しい姿も好きだった。年上の姉たちは、「アミノ酸、アミノ酸」と言っては、げらげら笑っていた。しかし、私はそれよりも「善彦」という名前のほうに注目した。子供の中にひそむ言葉遊びへの異常な情熱によって、「よしひこおじちゃん」はすぐに「おしっこおじちゃん」に変わり、翌日にはもう「おしっこちゃん」という不届きな愛称ができあがって、またたくまに子供たちのあいだで流通しはじめたところで、ついに祖母の怒りが爆発した。座敷に呼びつけられた私は、こっぴどく叱られて、以後「おしっこちゃん」も「おしっこおじちゃん」も使用を堅く禁止された。

しかし、こっそり「おしっこおじちゃん」と呼びかけると、端正な顔と魅力的な声をしたその男の人は、「なんだい、新ちゃん」と明朗な顔をして、私のほうを振り向いてくれるのだった。大好きな人の前でひょうきんな子供がよくやるように、私は得意の歌を歌い、踊りを披露し、知っているかぎりの話題をおしゃべりした。もう五月も末だったが、自分の誕生日が近いこともあって、私はささやかな武者人形のコレクションを仕舞わないで、そのまま飾っておいてもらっていた。大切な秘密を打ち明けるような気持ちで、私は網野さんをその人形の飾ってある暗い奥座敷に、そっと案内した。

「見てください、きれいでしょう」

「ほお、馬に乗ったこの武将は誰なの」

「知らないの。八幡太郎義家という人だよ。ぼくはこの人が大好きなんだ」

「ほお、どうして」

「よくわからないけれど、この人を見ていると、胸がドキドキするの。この人の話を知っているのなら聞かせて」

「ああ、よく知っているよ。八幡太郎義家という人はね」

網野さんは源氏の棟梁であった義家の、どことなくもの悲しい物語を語って聞かせてくれた。父親の頼義を助けて、十年以上ものあいだ、東北の奥地で戦い続けた人であった。そこではとてもむごい戦闘が続いたこと、東北のエゾの末裔の武士たちから呪いの言葉を浴びせられたこと、そのためだろうか、義家の子孫には不幸が続いたこと、などなど。歌舞伎好きの祖母の話のように大げさな話し方ではなく、たんたんと誇張をまじえずに事実だけを語っていくその話に、私はすっかり引き込まれてしまった。それを聞いているうちに、この人とは馬が合うと思うようになった。私が幼い冗談を言うと、網野さんも笑ってくれた。私が物差しを刀がわりに腰にさして、ヤクザ踊りをしてみせると、やんやの拍手をしてくれた。そしてそのお返しには、面白い歴史の話をいっぱい聞くことができた。

この最初の出会いの日から、私と網野さんは、人類学で言うところの「叔父－甥」のあいだに形成されるべき、典型的な「冗談関係」を取り結ぶことになったわけである。この関係の中からは、権威の押しつけや義務や強制は発生しにくいというのが、人類学の法則だ。そして、精神の自由なつながりの中から、重要な価値の伝達されることがしばしばおこる。こうしてそれ以来四十数年ものあいだ、私たちのあいだにはなによりも自由で、いっさいの強制がない、友愛のこもった関係が持続することになった。

私は自分をマルセル・モースに比較するほどのずうずうしさはもち合わせないが、それでも、叔父である偉大な社会学者エミール・デュルケームにたいする甥モースの、尊敬にみちた、しかしそれでいてどこまでも自由な感覚にみたされた関係から生まれる感情によく似たものを、この叔父にずっといだき続けてきたことはたしかだ。その友愛の感情のいかに深く、いかに得難いものであったかを、こうしてその叔父を失った今、空の青さのように痛感する。自分の人生におこった網野さんとの奇跡のような出会いの意味を考えると、因縁の霊妙さに強く打たれるのである。

民衆史のレッスン

本を読む喜びを知るようになった頃、網野さんは私に歴史学の最初のレッスンをほどこしてくれた。「おみやげだよ」と言って手渡されたのは、むしゃこうじみのる（武者小路穣）と石《いし》母《も》田正《だしょう》の書いた『物語による日本の歴史』（一九五七年）という本だった。

「日本史でも、ようやくこういう本が書かれるようになったのです」と、網野さんは興味深げにその本をのぞき込んできた父に、説明をはじめた。

「民衆史というものが、これからは大きな研究分野になっていきますよ。石母田さんたちがそのトップランナーを走っていて、ぼくらはそのあとをついていっているという格好です。でも今日本史を勉強している連中って、みんなすごく頭の切れる秀才ばっかりで、ぼくなんかは鈍牛だなあって、つくづく思い知らされるんですよ。こつこつとあきることなく古文書を読むことくらいしか、ぼくには能がないからなあ」

「でも、網野君、最後に勝つのは鈍牛のほうなんだよ。いや、勝たなくったっていいけれど、鈍牛には頭の切れる連中には逆立ちしてもできないような、大きな仕事をすることができるんだ。ぼくは大学にも行かなかったから、君みたいにきちんとした勉強をしている人がうらやましいよ」

こういうとき、父はそう言っていつも網野さんを勇気づけていた。父も秀才を信用していなかったからである。旧制中学もなかばで、学校での教育を受けることを自分で拒否してしまった父には、体系的な学問の訓練を受けなかったことが、心残りでしようがなかったのである。しかし、早くからはじまった実人生の体験から、「頭がよい」ということにたいする根源的な疑いが、父の中にはしっかりと築かれていた。だから、自分のことを鈍牛だと言う網野さんを、心底から信用できたのだと思う。

さてそのとき網野さんのほどこしてくれた歴史学のレッスンは、絵巻物をのぞき込むやり方を身につけることだった。むしゃこうじみのると石母田正の本は、子供にもとても読みやすい、いい本だった。為義や為朝たちの活躍する、「保元の乱」の章がとくに好きだったが、その頁に登場した「応天門の変」を描く『伴大納言絵詞《ばんだいなごんえことば》』の一場面に、私の目は釘づけになってしまった。それに気づいた網野さんが、いっしょに本を読み出してくれたのである。ときの大納言伴善男の遭遇した不幸な放火事件のいきさつをさらっと説明したあと、網野さんはその絵の周辺や細部をのぞき込むようにと、私をうながした。

「見てごらん。こういう絵の真ん中の部分には、世の中で偉いと思われている人々の姿が描いてある。有名な政治家や貴族なんかの姿ずら（私たちは会話にはよく甲州弁を用いた）。その人たちのしたことは、昔の歴史の本の中にもしっかり記録されている。だから、そんなものは気にしなくていいんだ。大事なのは、こういう隅っこに描かれている人々の姿なんだ。よく見てごらん。みんな一人一人違う顔をしているだろう。着ているものも違うし、頭に被っているものも違う。それぞれの人の社会的身分だとか、なにを仕事にしているかなんてことが、それから読み取ることができる。うん、たとえば、この人は職人だな。こっちのは下級の武士だ。みんなは燃え上がる応天門のほうを見つめているけれど、それぞれの人が考えてることは違う。そういうことまで、絵巻を見ているとわかってくるんだよ。こういう人たちは、はでなことはしない。だから歴史的に重要な人たちとは考えられてこなかった。でも、この人たちはとっても深い世界の奥のほうから、出てきているんだ。おじちゃんはそういう世界のことを調べている。面白いぞお」

「おじちゃんは悪党の研究をしているって、父さんが言ってた。なに、その悪党って」

「ごろつきみたいな連中って言ったらわかるかなあ。博打をしたり、よく暴力沙汰をおこしたりする人たち。歌や踊りのうまい連中もいるねえ。海賊とか山賊みたいな連中って言うとわかるだろう。でもじつは神さまに近い連中なんだ。そういう悪党の人たちのことも、こういう絵巻の隅っこのほうには、ちゃんと描かれているよ。絵の隅っこのめだたないところに、じつは大切なことが描いてあるずら」

「ヤクザも博打をしてる。あれも悪党なのけ？」

「まあ、ヤクザも悪党の子孫だねえ。博打をしたり、入れ墨をしたりするだろう。それは、自分たちが神さまに近いってことのしるしなんだよ。人間をはみ出しちゃった人たちというのがいるのさ。そういう人たちは、石や木なんかと同じように、絵の端っこのほうにしか登場しないんだ。でもね、そういう人たちが、歴史を動かしてきたんだよ」

「でも悪いことをする人たちでしょう」

「そうさ。でもね、その悪いことっていったいなんだい。いったいこの世の誰が、ものごとのよい悪いなんて決めることができるのさ。悪ってのはねえ……」

それから話はずんずん難しくなっていって、私にはなんのことかさっぱりわからなくなってしまった。今になって思うと、そのとき網野さんが私にほどこそうとしていたのは、まさにアナール派的・網野史学的な民衆史のレッスンにほかならなかった。ものごとを見る遠近法を逆にして、世界をとらえるという方法が、伝達されていたのである。

そのとき以来、私はすっかり絵巻物の虜になってしまった。教えられたとおりに、絵の細部をのぞき込んでみる。とくに画面全体の構成にとってはたいして重要でなさそうな、端っこのほうに描かれている人物の姿などに目をこらして見る。みすぼらしい格好をしたその人物の姿を見ているうちに、つぎつぎとお話がわいてくるのだ。『伴大納言絵詞』の一場面は、想像力にふくらんだおびただしい数のとりとめもない物語の群れで、覆い尽くされてしまった。私は今でも、中世の日本で描かれた絵巻物やローマ神話の一場面を描いた西欧の絵画などを見ていると、ブーンという地鳴りのようなノイズが立ち上ってくるのを、しょっちゅう感じるのだけれど、これはあきらかに少年の日に、網野さんが山梨にやってくる機会をつかまえてはおねだりした、歴史学のレッスンの影響であろうと思うことがある。

そういう絵を見ると、すぐに私の目は周辺に描かれている仕事中の男の姿だとか、開いた窓からのぞき見される家庭生活の一こまだとかに吸い寄せられていくのだ。そして、そこから複雑なノイズが立ち上ってくるのを感じる。そんなわけで、これは民衆史とはまったく関係のない話だろうが、映画を観ているときでさえ、画面中央でくりひろげられている物語などはそっちのけで、何気なくカメラが写し取ってしまった背景の家並だとか人や犬の表情などのほうに、惹かれてしまうようになったのだ。

それは「民衆」とか「群衆」とか呼ばれる不思議な存在から立ち上ってくる、独特のノイズを聞き取るレッスンだったのだと思う。まだ音楽に組織される以前に、大地からわきたってくる力動感のみなぎる、生の営みから直接生まれてくる複雑なノイズの群れが、地表を覆い尽くしている。そのノイズに隠されている、ふつうのやり方では聞き取れないメッセージを聞き取る方法である。おびただしい数の古文書を読みとおす修練を積み重ねる中から、網野さんはその能力を身につけることができたのだろう。とても理屈ではわからない能力である。おそらく網野さんは唯物論の極意を知っていたのである。

夜の対話

大学生になると、私と網野さんのつきあいはいっそう深まっていった。都立北園高校の先生をしながら書き上げた『中世荘園の様相』（一九六六年）を出版したあと、網野さんは名古屋大学に職を得ることになった。最初は単身赴任だったが、一年ほどして家族みんなで名古屋に住むようになった。昭和区（現天白区《てんぱく》）相生山《あいおいやま》の広漠とした丘陵地帯に建てられた新しい団地アパートが、今度の住まいである。

私は大学生になってから、沖縄や奄美や、鹿児島の南方に点在する離島に、足繁く旅をするようになった。たいていは夜行列車と船を利用しての旅だったから、九州からの帰り道にはかならず名古屋で途中下車をして、いそいそと相生山の団地へ向かっていった。あまり広くない団地の部屋は、どこもかしこも本でいっぱいで、文字どおり足の踏み場もないほどだった。いとこたちは押入を勉強部屋に改造してもらって、そこで勉強をしたり、寝室にしたりしていた。

部屋中を占領している本は、薄茶色の箱入りの殺風景な古文書集や歴史の研究書ばかりで、どれも私の食指を動かすものではなかったけれど、そのたくさんの本に囲まれて網野さんと話をするのが、たとえようもなく楽しかったのである。

私が南島の宗教に関心のあることもあって、その頃はよく女性の霊性について、二人は話し合うことが多かったように思う。今村昌平監督の『神々の深き欲望』という映画が公開されていたこともあって、聖なる感覚と性的な感覚とが、どういう回路でつながり合っているのかが話題になっていた。私はまだ若く、性の領域のことには経験が不足していたから、いきおい背伸びをしながら、エロティシズムと聖性の関係について、バタイユ風の哲学を一説ぶったりした。網野さんもそれに応えて、中世の遊女と天皇の妖しい関係をめぐる、最近自分の発見した新事実をうれしそうにしゃべった。

そういうとき私たちは、おたがいの年がずいぶん離れているにもかかわらず、いつも対等な立場で、いろいろな問題を語り合った。抽象的な論理を扱うことにかけては、私のほうが上手だったが、すぐさまその高慢の鼻は、牛の歩みのように重く確実な、網野さんのくり出してくる事実の前でへしおられた。しかし、私も負けてはいなかった。レヴィ＝ストロースが『野生の思考』で展開してみせた、歴史意識の偏重にたいする痛烈な批判の助けを借りて、時代遅れの唯物史観に依存しながら自分の科学性に安住している、日本の歴史学への懸命の反論を試みたのだ。

「歴史が発展していく過程についてマルクスたちが考えたことは、だいたいヘーゲルの哲学が考えたことを、唯物論で言いかえたものにすぎないでしょう」

「すぎないという言い方は認めないけど、まあそうだな」

「ヘーゲルの場合には絶対知が自分で自分を展開していくことによって、歴史ということがおこった。その絶対知って、じつは神のことでしょう。そうだとすると、おかしなことがおこる。神には時間性なんてない。過去も現在も未来も、みんないっしょになっているのが神でしょう。だからほんとうは、絶対知だって、歴史の外にいなけりゃならないはずなんだ。おじちゃんは、オーストラリア原住民の『夢の時間』という考えは知っているでしょう」

「ああ、このあいだ君が貸してくれたエリアーデの本で読んだ」

「聖なるものは時間や歴史から脱出しているって考えは、大昔からすでにあったわけですよね。ところが、ヘーゲルはそういう神を時間の中にくり込んでしまってないですか。それをマルクスはさらに物質の中に入れてしまった。でもその物質だって、おおもとのところでは、時間には縛られていないっていうのが、ハイゼンベルクなんかの量子論の考えでしょう。この世にあることを、なんでもかんでも歴史の展開に巻き込んで、まるでそれが法則にしたがって展開してるっていうような考えって、歴史学の傲慢なんじゃないの。絶対知というものがほんとうは時間や歴史の外にもあるんだとしたら、それを唯物論的にひっくりかえしたマルクス主義にだって、そういう思想が組み込まれなくてはいけないんじゃないの。マルクス主義に『野生の思考』を導入して、時間の呪縛から人間を解き放つ、新しい歴史学というのがつくられなければならないんだよ」

今になってみると、冷や汗ものの暴論である。しかし思いがけないことに、私のその乱暴な歴史学批判をじっと黙って聞いていた網野さんは、しばらく考え込んだあと、こう答えるのだった。

「いいこと言うじゃゃん。歴史学でも今までみたいな、奈良時代、平安時代、鎌倉時代っていうような時代区分の考えはおかしいんじゃないかって言う人が、ぽつぽつ出てきているんだよ。歴史がほんとうの変化をおこす転換期というのを、今までとはまったく違うとらえ方で考えてみなければならないって、ぼくも考えているんだ。その転換期というのは、たしかに今君が言ったみたいに、唯物史観の単純な見方ではとらえられないと思うよ。歴史がほんとうの転換をおこすためには、今まで歴史学が利用してきたファクターだけじゃ、不十分なんだなあ。時間を超えた聖なるものっていうのは、いいアイディアだと思うよ。でも、そうだとすると、ヘーゲルのこの言葉はどう理解したらいい。現実的なものは理性的で、理性的なものは現実的だっていう言葉。この言葉について、新ちゃんはどう考える」

「ぼくは現実に垂直に切り込んでくるものが理性だと思う。理性にはふたつの種類があるんじゃない。現実をつくる理性とそうじゃない理性と。人間の理性と自然の理性と、ふたつの理性があるんじゃない」

「おいおい、理性はひとつにきまってるだろう」

「ひとつだけど、ふたつなんですね」

「いや、ひとつでじゅうぶんだよ」

鹿児島の甑島《こしきじま》での調査からの帰り道に立ち寄った、その夜の白熱した会話のことはよく覚えている。叔母やいとこたちもいっしょになって遅くまで話し込んで、明け方になってみんなで眠りについた。今日は日曜日だから、みんなで朝寝坊をしましょう、と灯りを消しながら叔母が言った。ところが、夜が明けてみると、朝ご飯を欠かしたことのない網野さんは、午前中も早くから起きて、叔母に朝ご飯の用意をしてもらって、もう古文書をのぞき込んでいるのである。そして、眠い目をこすりながら起きてきた私に、今日は相生山の散歩をしないかい、と誘った。

鳥刺しの教え

その頃の名古屋の郊外の丘陵地に続々とつくられていた住宅地は、どこも灌木の生い茂る原野のただ中に立っているような、じつに殺風景な風情をしていた。風が舞い上がると、乾燥した白っぽい砂埃が、目に飛び込んできた。いたるところで土地の掘り崩しや地ならしがおこなわれていた。癖の強い古い美濃の世界が切り崩されて、かわってその上に平均に地ならしされた福祉社会がつくられようとしていた。網野さんの一家と私は、その日曜日の午後、団地の周辺に広がる灌木の林を抜けながら、激しい勢いで変貌をとげつつあるこの郊外の丘陵地帯の散策をおこなった。

歌を歌ったり冗談を言い合ったりしながら、灌木の林の中を歩いていると、突然目の前に古い小さな日本家屋が出現した。民家のようでもあるけれど、どことなく水商売風の雰囲気も漂っている。見ると入り口には「生駒庵」という看板が掛けてあり、その脇に「焼き鳥、野鳥もあります」と染め抜いた旗が、風になびいている。こんなところに焼き鳥屋があるのも不思議だったが、網野さんはなにかピンときたらしく、お腹もすいたし、どうだい、焼き鳥を食べてみようよ、とずんずんその庵に入っていってしまうのだった。

入り口に立つと、小づくりな体つきをしたきれいなおばあさんが出てきて、きちんと手をそろえて挨拶をしたあと、私たちを奥の座敷へと案内した。叔母は「父ちゃん、この店高いんじゃない」と心配そうに小声でささやいていたが、私への手前もあってか網野さんは聞こえないふりをしていた。まだ小学生だった二人のいとこもいっしょに、座敷に座り込んでみると、私たちはみんな自分たちがいかに異様な世界にまぎれ込んでしまったかを、それぞれの体験と理解に合わせて知ったのだった。

　鴨居のところには大きな団扇が取りつけてあって、それが電動装置によってバッタンバッタンと上下して、客に風を送る仕組みになっていた。団扇には天狗の顔が描き込んであるのだが、その天狗の鼻が妙にいやらしい形と色をしているのである。目を違い棚のほうに移すと、そこにはお多福や舞子の人形がいくつも並んでいた。どれも一見するとふつうの人形のように見えて、なにか仕掛けがあるようないかがわしさをたたえている。その横には、民俗学者でもある父親の書斎に置いてあるのとよく似た、男根や女性器をかたどった石や土の人形が鎮座しているし、壁に掛けられてある浮世絵の上には、ご丁寧に薄い布が被せてあって、なにが描かれているのか見えないようになっていた。

　無邪気にニコニコしているまだほんとうに幼かったいとこの房子ちゃんを除いて、その場に居合わせた全員が「しまった！」と感じていた。まさか団地の脇に取り残された灌木林の中に、こんな粋な施設があろうとは、誰も想像していなかったからである。そのうちに「生駒庵」の小柄な体つきのご主人が粋な和服姿であらわれ、「ようこそいらっしゃいました」と、畳に手をついて挨拶するのだった。

「つぐみ、すずめ、はと、きじ、野鳥ならなんでも焼いてさしあげます」

「ほお、どうやって手に入れた野鳥なのですか」と網野さんが身を乗り出してたずねた。

「わたくしが霞網でつかまえてきたものでございます。めったなことでは口に入らなくなった野鳥もございます。ごゆっくりなさっていってくださいませ」

しばらくして、大きな九谷焼の皿に盛られた野鳥の焼き鳥が運ばれてきた。つぐみ、すずめ、はと、それに名前をあかしてくれない野鳥。焼き鳥はどれもおいしかった。食事がひととおり進んだところで、ご主人は私たちにビールをすすめたあと、立ち上がってお多福の人形を取り出してきた。

「ごらんくださいませ」とだけ言って、ご主人は人形を仰向けにしてみせた。すると人形の中からぽってりとふくらんだ女性器があらわれた。舞子の人形の下半身には、裸の男がひそんで裸にまくれた舞子の性器に深々と挿入しているところが、描かれていた。網野さんは大きな目を剝いて「ほおー」とうなり、叔母は絶句し、いとこの徹哉君は目を見張り、私は息を呑《の》んだ。

私たちの反応がよかったのに気をよくしたのか、ご主人はつぎつぎと自慢の収蔵品を取り出してきた。それはそれはみごとな逸品ばかりだったが、中でも圧巻だったのは、薄布を被せた浮世絵がご開陳された瞬間で、そこには後光が射してくるほどに荘厳な、男女の交合図があらわれたのである。巨大な男根とそれを呑み込んでいる女陰、陰水はとろりとろりと股間を流れ落ち、恍惚の表情をたたえた女性の足の指は、力を込めてそりかえっている。さすがの網野さんも、ここまでくると得意の「ほおー」さえ出なかった。

二時間ほどもそのお店にいただろうか、ぐったりした私たちはようやく「生駒庵」をあとにした。灌木の林を通り抜けて、団地の部屋に戻るあいだ、誰もが無口だった。気まずいものを見てしまったというよりも、そこで見せられた品々の迫力に、誰もが圧倒され、打ちのめされていたのだ。それはほとんど宗教的な感動といってもよかった。団地の一角にこんなとてつもない「悪の空間」がひそんでいようとは。そこでは、はっきりと悪は自然と結びついていた。

部屋にたどり着くまでに、さっきまでの打ちのめされた状態からようやく立ち直った悪党の研究家は、今さっき自分たちが体験してきた世界の意味を、はっきり理解しようとつとめている様子だった。そこには、中世語の「悪」の本来的な意味が、まざまざと活動していたからである。霞網をつかっての「鳥刺し」、若い頃は大須観音のあたりで浪曲師をしていたというご主人夫婦の過去、けっして社会の表街道を歩こうとはしない強い意志、忍びの者のような動物的にしなやかな身ごなしとたたずまい、そしてむせかえるように濃厚なエロティシズム。すべてが「自然」であった。農業が手を加え穏やかなものに改造してきた「自然」とは異質な、なまなましく、荒々しく、美しい、別の種類の「人間的自然」が、そこには息づいていた。

「あれが人間の『自然』なんだよ。ああいう『自然』が没落していったあとに、今あるような世界がつくられてきたんだ。農業によってつくられてきた『日本』の向こう側に、ああいう

『自然』によって生きていた別の世界が、広がっているんだ」

「それが団地のすぐそばに生き残っていようとは思わなかったね」

みんなが名古屋を見直したね、とうなずき合った。そのとき網野さんの心の中で、「非農業的自然」にたいする鋭い感受性が、生き生きと活動しているのを、私ははっきりと見届けた。私はその夜、九州から持参したおみやげの芋焼酎をたらふく飲んで、大きな声でパパゲーノの歌を歌った。相生山の丘陵地に隠れ住む、もう一人の「鳥刺し」の人生を、みんなでほめたたえながら。

キリスト教・皇国史観・マルクス主義

網野さんが家族の一員となることによって、父親もほかの叔父たちもそして私も、大きく変わっていった。しかしそれ以上に、この結びつきをとおして網野さんの精神には大きな変化と飛躍がもたらされたのではないか、と私は思っている。銀行家の一家の末子に生まれ、お兄さんたちはみな金融や実業の世界で早くから活躍するようになっていたのに、網野さんだけが貧乏な学者の人生を選んだのである。お兄さんたちからは、小さな頃から、頭でっかちで観念的で泣き虫な性格を批判されてきたという。それが、中沢家にやってきてみると、新しく「兄」となった人たちの誰もが、ほかの世界ではありえないほど強烈に、「理念」や「理想」や「観念」ということを追い求めている人々だったのだ。それは今にはじまったことではなかった。この家ではもう何世代もそうなのである。生糸の生産と藍染めを生業とする「紺屋徳兵衛」という人が、私から数えて四代前のご先祖であるが、この人は平素から神官のような白い袴を身につけて神祈禱をおこなう人だったという、かすかな記憶が残されているだけだ（家紋が諏訪大社と同じ梶の葉であるところから見て、諏訪大社に深いかかわりをもっていた人なのではないか、と私は推測している）。人々の記憶に鮮明な痕跡を残しているのは、そのつぎの中澤徳兵衛である。幕末に生まれ、明治の文明開化を全身に受け止めて成長した彼は、生糸の生産販売と貿易に大きな成功をおさめて、財産をなしていわゆる名士となるや、周囲の人々の驚きを尻目に、友人二人とともに堂々とキリスト教に改宗してしまったのである。

洗礼をほどこしたのは、甲府にあった日本メソジスト教会の牧師・山中共古《きょうこ》だった。この人は江戸城大奥勤めののち、維新後静岡で出会った元新撰組隊士結城《ゆうき》無《む》二《に》三《ぞう》から洗礼を受けてクリスチャンとなった人だが、そのことよりもむしろ民俗学の草分けとして、今日ではよく知られている。柳田國男と交わした往復書簡をもとに著された『石神問答』は、日本民俗学の出発点を飾る書物として名高い。徳兵衛はこの山中共古の力添えを得て、日下部教会を創設する（このあたりのことが、なぜか山口昌男『「敗者」の精神史』に詳しく書いてある）。そんなわけで、子供の頃に教会に通っていたとき、なんとなく自分がまわりの信者から特別な目で見ら

左から、飯島信明、中澤徳兵衛、生原忠右衛門の三人の親友がこぞってキリスト教に改宗した。これはそのときの記念写真。

れていることを、私はうっすら感じていた。

このときのキリスト教への改宗が、その子孫たちの精神的遺伝子に、「理念」や「思想」をことのほかに重んずる、観念的な傾向を植えつけることになったのだ、と私はにらんでいる。

エビ・カニなどの甲殻類を研究する生物学者となった祖父の毅一は、もう徳兵衛とは名乗らなかった。駿河湾の深海生物を研究するために、由比蒲原《ゆいかんばら》に私財を投じて「駿河湾水産生物研究所」を建て、はじめは単身で、のちには中学生だった私の父とともにそこに住んで、サクラエビなどの研究に没頭した。

とてもきまじめな性格の人だったという（私は子供の頃、新ちゃんはおじいさんと正反対の性格だね、とよく言われた）。彼は晩年になると、生物学への情熱にもまして、キリスト教の神への信仰と生物学的世界観と日本人の共同体の思想を結合しようとする、思想的な著作に打ち込むようになった。主著は『神・人・動物』（一九三八年）という本だったが、父の兄弟たちのその後の人生や網野さんの歴史学の思想に、それ以上に重大な意味をもつことになったのは、戦争中に書き上げて英文で発表された『我国体の生物学的基礎 The Biological Basis of Our Country's Existence』（一九四一年）という論文であった（この論文に発するさまざまな問題については、第三章「天皇制との格闘」で詳しくお話しする）。

天皇を頂点とする国家制度（国体）の論理を、生物学・生態学的な視点から解明し、それに根拠づけを与えようとするこの論文は、父の世代の兄弟たちの精神に、大きな動揺をもたらした。兄弟たちはみな深く父親を愛していたが、愛していればこそだろう、その論文にはじかれるようにして、兄弟たちはNHKに入った長男を除いて、全員がマルクス主義者となってしまったのである。家の中ではつねに思想的な議論が活発におこなわれていた。キリスト教と皇国史観とマルクス主義が、ひとつの坩堝《るつぼ》に投げ込まれて、たえず沸騰していた。その思想の坩堝の中に、網野さんが飛び込んできたのだった。

「トランセンデンタル」に憑かれた人々

「トランセンデンタル Transcendental」という言葉は、今では「超越的」とか「超越論的」と翻訳するようになっているが、それ以前の時代には「先験的」と訳されていた。「経験に先んじている」とか「経験が触れることのできない」というような意味合いであろう。人間の心の中に、現実の世界での五感からの影響や経験の及ぼす働きから完全に自由な領域が開かれており、この自由な領域こそが、人間の本質をつくっているのだという思考法のもとになっているのが、この言葉である。

この言葉が指示する世界に心惹かれた人たちは、宗教や哲学に深い関心を寄せるようになる。心の奥のその領域でおこっていることに、魅了されつくしてしまうと、そこからは「宗教の人」が生まれる。しかし、人間的自由の根拠地であるトランセンデンタルの領域に考えられることと、経験まみれの現実世界でおきていることとを結び合わせて、現実世界のほうをなんとか「理想」のほうに合わせてつくりかえていこうという思考が発生するとき、極左と極右をひとつに抱き込む、ラジカルな政治思想の持ち主たちが出現することになる。

諏訪大社の精神的な神徒《こうのと》であり浄土真宗の熱心な門徒であった頃から、紺屋徳兵衛とそのまわりの人たちには、トランセンデンタルなものへの深い関心があったものと思われる。しかし、その傾向が決定的に表面化することになったのが、曾祖父によるキリスト教への改宗にあったことは間違いがない。その子供たちはしだいに実業への関心を失って、観念的な領域での探究に身を寄せるようになっていった。私の父親とその兄弟たちが、まさにそうだった。

トランセンデンタルなものへの強烈な情熱が、彼らの人生を突き動かしていたのである。私の父もその兄弟も妹も、幼いときにキリスト教の洗礼を受けて、子供時代はみんな熱心なクリスチャンとして成長している。そして世間によくあるように、自分たちの関心領域が家族の範囲を越えて拡大していくようになるにつれて、キリスト教への関心は社会運動への関心に変わっていった。「理想」というものは、人間の思考の中に現実原則から自由な領域が活動しているのでないと、生まれてこない。イエスの言葉と人生に感動を受けることによって強力に培養されたトランセンデンタルなものへの思いは、この理想主義的な兄弟たちを駆ってマルクス主義へと向かわせたのだった。

いちばん早くマルクス主義の「洗礼」を受けることになったのは、父の弟にあたる護人《もりと》さんだった。製鉄技術史の優れた研究者になったこの人は、自分の父親が『我国体の生物学的基礎』を書いた頃から、その中の皇国史観的な部分の強力な反対者だった。それにひきかえ、政治的におくてであった父は、昭和天皇に祖父が駿河湾生物学についてのご進講をおこなったときなどは、ひどく感動して、その思いを日記に綴っているような人だった。しかしその父も、私がものごころつく頃には、すでに情熱的な左翼政治運動の活動家になっていた。

六〇年代のなかば頃、父と護人さんは政治的見解を異にしていた。当時の国際情勢の中では、中国とソ連の対立が激しくなっていたが、それに引きずられるように、日本共産党の内部も中国派とソ連派と自主独立派に分かれて、激しい論争がくりひろげられていた。そして三人いた男の兄弟のうち（長男はすでに亡くなっていた）、二人が中国派となり、父だけがソ連派となった。政治のことよりも数学や音楽に夢中だった私には、その論争の中身は正確には理解できなかった。しかし、山梨の家に兄弟たちが集まり、父の手づくりの密造葡萄酒を飲みながら、もうもうたる煙草の煙の中で朝まで続けられる激しい議論がはじまると、私もこたつの隅に座り込んで、夜遅くまでその議論に耳を傾けるのだった。

そういうときに、私の隣にはいつも網野さんが座っていたのである。お酒に強い網野さんは、手酌でコップについだ葡萄酒をぐびぐびとあおりながら、大きな目玉をさらに大きくして、義兄弟たちの激しい議論に聞き入っていた。私の隣の席にいつも座らされていたことから察するに、網野さんはどうやらその議論では、中立の立場にいるように感じられた。それでもときどき、「網野君はどう考えるんだい」とか「網野君は自分の立場をもっと鮮明にすべきではないのかい」とかいう突っ込みをされて、網野さんが困ったような表情をしながら、議論に参加していっているのを見かけたことがある。

それにしても、奇妙な対立の図式だった。ルードウィヒ・ベック著『鉄の歴史』の翻訳者であり、近代技術の果たした啓蒙的な役割を賛美していた護人さんが、農本主義的な毛沢東思想を支持する中国派の急先鋒となり、田舎に住んで民俗学の研究をしながら政治活動をしている父が、そういう中国の農本主義的マルクス主義を否定するソ連派の代弁者となって、口角泡を飛ばして議論し合っているのである。そして網野さんはといえば、対立する両者のあいだでくりひろげられている、ねじれにねじれきった議論をじっくりと聞きながら、問題の本質をつかみ出そうと努力している賢い牛のようだった。

当時激しく闘わされていた議論について、私の記憶しているかぎりの断片をつなぎ合わせ、またそののち網野さんが展開することになる「非農業民」をめぐる思想を考え合わせてみるに、問題の本質が、農業というものがつくりあげてきた「日本」にあることは、ほぼ間違いがない

激しい議論を闘わせながらも、兄弟たちの仲はすこぶるよかった。これは大菩薩嶺へみんなで出かけたときのスナップ。左から、私、鉄の歴史家であった護人叔父、父。

と思う。

私の理解では、護人さんは農業を主体とする社会に科学技術を結びつけたときに、「理想」の社会形態がつくりあげられると考えていた。科学技術そのものには、道徳・倫理を発生させることのできる内在的な原理が欠けている。そこには啓蒙のマイナス面がいつもつきまとっている。そのために個人主義の発達した近代社会では、科学技術の暴走を食い止めることができないのである。水俣の悲惨を見てみれば、そのことがはっきりわかる。科学技術の発達を正しい方向に導いていくためには、それを包み込む社会が強力な道徳原理をそなえているのでなければならない。文化大革命をとおして今日の中国がめざしているのは、そういう方向ではないだろうか。農業を基盤とする共同体からは、彼の尊敬していた二宮尊徳が語っているように(この尊敬を護人さんは、自分の父親から受け継いだのである)、道徳が自然な形で発生することができるからである。だから農村的な家郷《ふるさと》に残されているものを守ることこそが重要なのである、と護人さんは語っていたように記憶する。

これにたいする父の思考は、少し複雑だった。若い頃に航空機設計の技術者であったこともある父は、科学技術は現実に柔軟に対応していく能力をもっていると信じていた。科学技術を強力な道徳原理にしたがわせることによって、問題は解決しないだろう。そんなことをしたら、今の中国で現実になってしまっている、社会そのものの停滞へと導かれていく。それよりも今ある科学技術の内部構造をつくりかえていくことによって、公害を出さない技術を開発していくような方向に進んでいくべきだ。それに農村というのは歴史的な産物なのである。人類の「理想」の社会形態が農業共同体にあるという考えは、ほんとうに正しいか。農業による社会が形成される以前にあった人類の社会にこそ、つぎの時代の人々は学ばなければならないのではないか。だから、家郷は変わっていってもかまわないのである。これが父の考えだった。

もちろん国際的な視野で考えれば、「中ソ論争」はこんな意味をもっていたわけではない。東アジアの一角で、この国際的論争をきっかけにして、一家の中でこんな激烈な思想の闘いがくりひろげられていたことなどを、よその人は誰も知らない。しかしその場に、網野さんというまだ未知の可能性をかかえたまま、手探りで新しい歴史の「学」を生み出そうとしていた強力なギャラリーが座って、葡萄酒をあおりながら、熱心に聞き耳をたてていたことによって、兄弟間で闘わされたこのときの激しい論争は、無駄な骨折りで終わらないですんだ。

私の思い違いでなければ、網野さんがその後「非農業民」という考えを打ち出してくるときに力強く作動した思想のダイナモは、このときの論争の過程ではじめて表面化してきたものである。長年にわたって営々と続けてきた職人や悪党の研究がはらんでいる思想的な意味を、「非農業」として概念化するにいたる、ひとつの重要な触媒となったのが、このときの思想の闘いであった。

網野さんは、この論争で交わされていたほんとうの思想的主題をつかみとり、それを自分の主題として引き受けて展開していく仕事に取りかかろうとしていた。そう考えてみれば、この議論の最中にときたま発せられた網野さんの発言の真意が、後追いで理解できるようになる。それはたしかこんなふうな場面で登場してきた。

護人さんが語る。「ふるさとがどんどん変化していくことはいいことだなんて、厚兄さんの言っていることはおかしいじゃないか。じゃあ兄さんはなんのために民俗学の研究なんかしているんだい。柳田國男の学問は農民がなぜ貧しいのかという疑問に出発して、農民の世界の豊かさをあきらかにしようとしてはじめられたんじゃないの。そういう学問をやっていながら、兄さんの言っていることは、農民の世界の可能性を否定していることになるじゃあないか。石牟礼道子さんの文学を読んでみなさいよ。そこにあるのが、ほんものの民俗学だとぼくァ思うな」

父が反論する。「俺が農民の世界のことを知らないなんて、東京で暮らしているお前に説教されるいわれがどこにある。俺はここで暮らして、毎日農民とつきあっているんだぞ。彼らが舗装されたいい道路をもちたいと願い、労働を楽にする農業機械を買いたいと思ったりするのが、間違っているのか。農民の世界はそもそも矛盾をかかえているんだ。そこになにか未来に生きる要素があるとすると、それは歴史的に形成された農業の世界を突き抜けた、向こう側にあるのに違いない。そういうものを探る民俗学があったっていいじゃないか。護人の言っていることは、学校の先生のような言い分だ。網野君はどう思う」

そのとき網野さんが答えたことを、高校生だった私は、つぎのようにはっきりと記憶している。

「兄さん方の話を聞いていて、ぼくはマルクスとザスーリッチの往復書簡を思い出します。ご存じでしょう。ロシアの女性革命家だったザスーリッチがマルクスに質問状を書いた、その返事です。ザスーリッチはマルクスに、ロシアに真実の変革がおこるためには、あなたがいろいろな本の中で書いてきたように、ロシアもまずは西欧のような近代社会に生まれ変わって、その上で革命を進めていくという道をとらなければならない、と今もお考えですか、私にはそうは思えないのですが、と書いたわけです。それにたいして、マルクスはもう晩年でしたが、こう答えてます。ロシアのミールという農村共同体について自分も少し詳しく研究をしてみた。そしてそれがとてもすばらしい要素をたくさんもった社会的組織体であることを知った。このミールを破壊して、その廃墟の上に立つことによってしか、ロシアの革命は進めることができない、という考えを私は今では否定する、とマルクスは書いた。ミール共同体の中から、人類が望んでいる新しい社会が生まれ出てくる可能性というものを、マルクスはここで語ろうとしていたんですね。この手紙の内容を、みんなもっともっと深く研究しなくてはいけないと思うんです。マルクスはここで、ミールを破壊して、その先へ進んでいくという考えを否定しています。じゃあ、彼はミール共同体へ帰れと言っているのかといえば、そうではないでしょう。ミール共同体の中には、原始・未開以来の人類の体験と知恵が生き残っている。それを破壊してはいけない、と言っているんじゃないでしょうか。ミールという農村共同体の中に保存されている、原始・未開の要素を取り出してきて、それを新しい社会を構築していく原理にすえることが必要だ、と言おうとしているんだと思います。その意味では、護人兄さんの考えも正しいし、厚兄さんの考えも正しいと思います。問題は、どうやってそういうものを取り出してくるかということになります」

「まったく、網野君はいつも優等生のような返事をする」。二人の義兄がそろって揶揄した。

ここにはもう、それからしばらくたって精力的に展開されるようになる「非農業」的なものをめぐる、網野さんの強力な思考の原型が示されているように思える。網野さんは農民を特権化する思考法を斥けて、農民をさまざまな職業という意味である「百姓」のうちの一人として理解しようとしていた。それによって、農民自身を農業から解き放そうとしたのである。それは、ミール共同体の中にひそんでいる可能性を取り出そうとした、マルクスの思考とよく似ている。農業を長いあいだの「くびき」から解き放つと、その中からは「非農業」的なほんとうの人間的労働の姿が出現してくるのである。

このとき以降、数年間にわたって兄弟間で激しく闘わされた論争は、網野さんに深い印象を残した。父が亡くなったあとも、話が「あの頃」のことに及ぶと、網野さんはよく私に「あの論争でぼくの思考はずいぶん鍛えられたんだよ。すばらしい学校だったなあ。あんなふうに純粋に自分の思想をぶつけ合う人々に、ぼくははじめて出会ったんだよ」と、懐かしそうに語るのだった。

いわゆる「網野史学」には、独特な形をしたトランセンデンタルの要素がその核心部分に組み込んであり、それが網野さんによる歴史の「学」の結構全体をしっかりと支えている。その要素はおそらく、トランセンデンタルに取り憑かれた人々と網野さんとの、運命的な出会いと深い対話をとおして成長していったものに違いない、と私は思っている。

飛礫《つぶて》の再発見

一九六八年一月、テレビニュースの映像に釘づけになっていた中沢厚は、異様な昂奮の中にあった。佐世保港にアメリカの原子力空母エンタープライズが、給油のために入港しようとしていた。それを阻止するために、「反代々木系」と呼ばれた学生と労働者はヘルメットと角材で武装して、佐世保港に向かって速歩で行進していった。

角材や旗竿を斜め前方に突き上げて、戦闘の体勢をとったまま行進していった彼らは、港の入り口に待ち受けていた機動隊に激突していったのである。そのとき、学生たちは機動隊に向かってさかんに投石をおこなった。このような事態にまだ不馴れだった機動隊が、この投石に大いにたじろいでいる様子が、映像からもはっきり認められた。多数の逮捕者が出たが、学生も労働者もひるむことがなかった。日本共産党が選挙を通じての体制内変革をめざす党へと変貌して以来、このような光景を見かけるのは、じつに久しぶりのことであった。

すでに父は日本共産党を除名されていた。政治活動からようやく解放されて、念願の民俗学研究にふたたび没頭することができるようになった父は、むしろすがすがしい印象だった。撮りためてきたたくさんの写真を整理したり、政治活動に妨げられて長いこと奪われていた読書の時間を取り戻すために、部屋にこもってたくさんの本を読んだり、自転車を転がして遠くの山村に民俗調査に出かけていった。二十数年間、自分の人生を捧げてきた政治活動が、いったいなんの意味をもっていたのか、と苦々しく自問しながらも、むしろみち足りた日々を楽しんでいるようであった。

佐世保で学生と労働者のとった過激な行動をテレビのニュースで見ながら、高校生の私も昂奮していた。私は彼らの行動の「直接性」に、激しく反応したのである。民主主義はあらゆる力関係のあいだに、「媒介」を入れることによってなりたっている。選挙で選ばれた代表が、それぞれの勢力の代表するものになる。この段階ですでに力は媒介されるものになっている。

1968年１月17日、米原子力空母エンタープライズ寄港阻止闘争で、佐世保市平瀬橋付近で機動隊と衝突した「反代々木系」全学連の学生たち。先頭で投石している学生が見える。（写真／毎日新聞フォトバンク）

この代表者が国会で言語表現をもって、別の力の代表と渡り合う。ここでも力は言語の論理性によって媒介されるのである。政治の領域だけではない。この民主主義社会はなにからなにまでが、力を媒介にゆだねることによって、去勢されてしまっている。そんなふうに感じていた私は、政治のシーンに直接性をもち込もうとしている、この学生や労働者の行動に深い共感を示していたのである。

父もまた、そういうことに昂奮しているのだろうと思っていた。ところが、ニュースが終わって、私のほうを振り返った父は、まったく意外なことを語り出したのである。

「この投石なあ、お父さんたちも子供の頃、笛吹川でよくやったんだ」

最初、私は父がなにを言おうとしているのか、理解できなかった。

「笛吹川の対岸の堤防に、万力村や正徳寺村の子供たちが、ずらりと並んでこっちをにらみつけるんだ。手にはみんな小石を握ってなあ。そして、こっちに向かって大声で囃し立てるんだ。やあい、加納岩《かのいわ》村の連中の鼻たれ野郎みたいな罵り言葉を浴びせてくる。そうすると堤防のこっち岸に並んだ子供たちも、それに負けずと罵り言葉で応戦する。それを何度か儀式みたいにくりかえしたあと、投石合戦がはじまるんだ。石がびゅんびゅんと飛んでくる。かわしている暇なんかないから、こっちも夢中で向こう側に思い切り石を投げつけるんだ。先の尖った石をわざわざ選んで、投げつけてる子供もいる。投石をまともに喰らって、顔からぼたぼた血を流している友達もいる。それでもひるまないんだ。ひるんだりしたら、あとでみんなにバカにされることがわかっているから、夢中で石を投げ続けるわけだ。そして、不思議なことに、誰が命令しているわけでもないのに、しばらくすると自然と投石が止むんだな。怪我をした友達を介抱して、それから家路につく。そういうときに怪我をした友達の家に、肩を貸して連れていってやったりするだろう。ふだんだったら、怒られるところさ。ところが、大人たちは怪我をして血だらけになった子供を、よくやった、みたいな態度で迎え入れるんだなあ。徳兵衛おじいさんの眉間には、三日月の傷がついていたけれど、それは子供のときの投石合戦で受けた傷跡だったそうだ」

「それはなにかのお祭りとしておこなわれたの」と私はたずねた。

「いや、それがよく思い出せないんだが、たしかいつも五月になるとやっていたから、お祭りみたいなものだったかもしれないなあ。これは調べてみる価値がある」

それから父はものに取り憑かれたようになって、この投石合戦のことを調べはじめた。民俗学事典の類をひっくりかえしたり、昔の友達や物知りの老人たちのもとをたずねて、子供の頃の体験を聞き出そうとしたりした。たちまちたくさんの情報が寄せられてきた。老人たちは石投げ合戦の話がもち出されるや、とたんに相好を崩して、懐かしげに昔の記憶をたどるように話をはじめるのであった。

あの石投げ合戦は「しょうべんきり」と呼ばれていましたという老人があらわれると、いや、それは「しょうべん」ではなくて「しょうぶ」だろうと言い出す老人も出てきて、「しょうぶきり」というもっともらしい名前にたどり着いた頃、申し合わせたように民俗学事典の「菖蒲切り」という項目に行きあたった。この想像するだに恐ろしい投石行事は、かつて五月の節句の季節に、この列島の広い地域でおこなわれていた子供の民俗行事であることが、こうして判明した。子供たちが身につけた菖蒲の帯を投石によって切るという、たいへんに「野蛮」な行事だったわけである。

そういうことが判明した頃、うまい具合に網野さんが山梨の家に遊びにやってきた。話題はとうぜんのように佐世保でおこった事件のことに集まった。網野さんのあの事件にたいする反応は、はじめは私のものとそんなに違わないものだった。網野さんも、政治運動の中にふたたび「直接性」の論理が取り戻されていく可能性について、大いに期待を寄せていたのである。しかし、父がつぎのようなことを語り出すや、網野さんの顔がみるみる青ざめていくのに、私は気がついた。父はそのときこう言ったのである。

「網野君、権力に向かって礫《つぶて》を飛ばす、という話はどこかで聞いたことはないかなあ。佐世保で三派全学連が機動隊にぶつかっていくときに、さかんに投石をしていただろう。ぼくはあれを見て、すぐに自分たちが子供の頃に笛吹川の土手でやった、石投げ合戦を思い出したんだ。

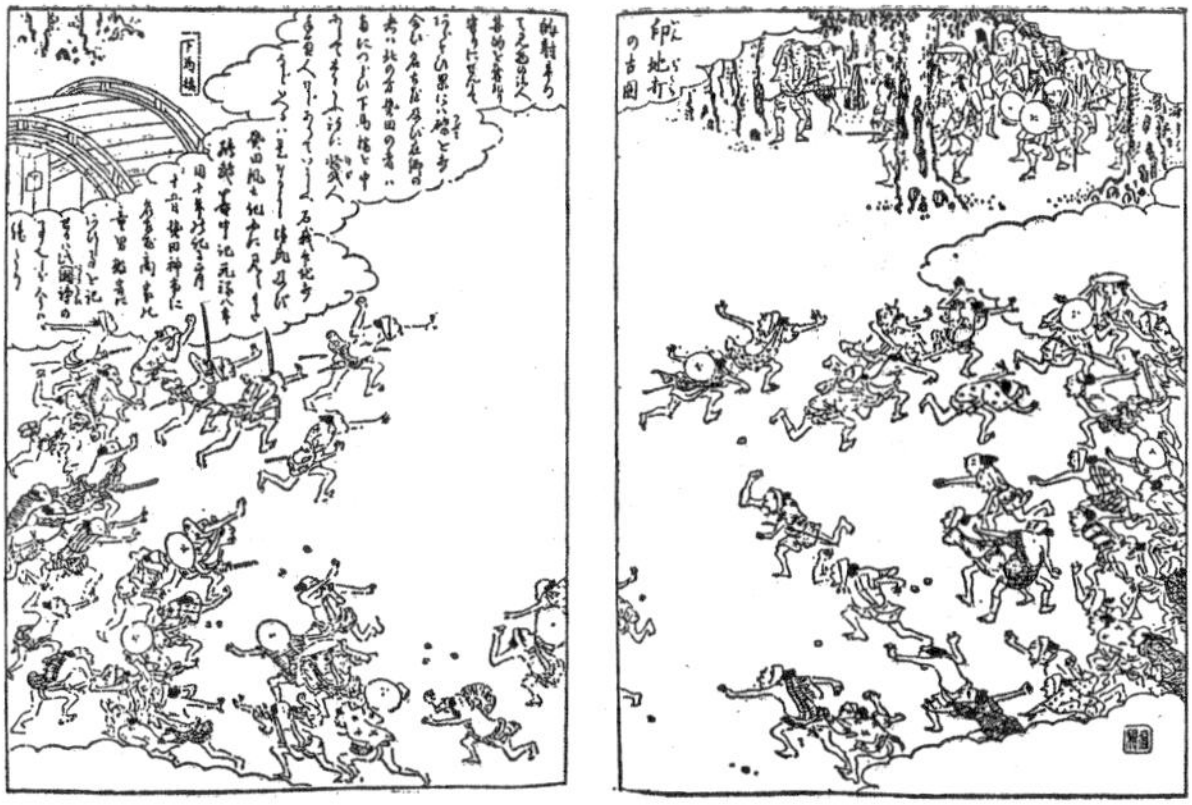

熱田神宮で正月十五日におこなわれた印地打の図。印地打は菖蒲打（切）と同趣の行事。（『尾張名所図会』）

民俗学のほうでは、それを『菖蒲切り』という五月の男の子の節句の行事だということですませてしまうんだけど、ぼくにはどうもそんな説明ではおさまりのつかないものがひそんでいるような気がするんだよ。もっともっと深い、人類の根源的な衝動がそこで働いているように思うんだ」

　すると網野さんはすぐにこういう返事をした。

「中世にたしか『飛礫《ひれき》』という言葉があったように思います。そうですよ、悪党たちが闘うときには、まず飛礫を飛ばして、相手をひるませてから、飛び出していくというような記事をどこかで読んだことがあります。飛礫を飛ばす専門的な連中もいたんじゃなかったかなあ。そうだ、そうですよ。あれは悪党の闘い方ですよ」

「やっぱりそうかい。それで少しわかってきた。学生たちの投石を見ていて、ぼくはなぜわれわれが反権力の闘争を続けなければならないのかという理由が、わかったような気がしたんだよ。あそこで機動隊に向かって石を投げていたのは、ただの政治かぶれの学生なんかじゃなくて、もっと大きな意思に動かされているものではないのか。その意思というのは、マルクス主義とかレーニン主義とか毛沢東主義とかいう近代の政治思想なんかにとどまるものじゃなくて、もっと根源的な、人類の原始から立ち上がってくるなにかじゃないかって思った。われわれの反権力の闘争の根源は、そういう場所から立ち上がってくるものなんだから、党なんてたいした問題じゃない。そう思うと、自分が政治活動で挫折したことなんか、たいして重要なことじゃないんじゃないかって、思えるようになったのだよ」

この話を聞いて、網野さんはひどく感動した様子だった。大きな目が涙で少しうるんでいるようにも見えた。

「兄さんの話はとても大事です。目から鱗が落ちたような心境です。ぼく自身、自分がなぜ悪党なんかに惹かれ続けてきたのか、その意味が今ようやくわかってきたような気がします。飛礫が菖蒲切りのような民間の習俗と、同じ根源から出ているとすると、悪党という存在そのものが、中世とか古代とかいうことよりももっと根源的な、人類の原始に根ざしていることになっていきます。鎌倉時代の、あの歴史の転換点に浮上してきたのが、まさにそういう原始をになった人々だった。そう考えると、なぜあの時代だけにかぎって、日本人の宗教思想が飛躍的に深まったのかまで、わかってくるような気がします。兄さんの話はとても大事です。ぜひこれから飛礫の研究をしてください」

「網野君は以前に、マルクスのザスーリッチへの手紙の話をしたことがあるだろう。あの話はぼくにもとても印象的で、あれから自分なりにずいぶんない知恵をしぼって、マルクスのその考えについて考えてきたんだ。なかなか前に進まなかったんだけど、三派全学連のあの行動を見ていて、はっと気づいたんだ。農村の行事の中に保存されているものは、ものすごく古い原始に、人類の根源につながっているのじゃあないか。折口さんの『古代』なんていうのよりも、もっと古いところにつながっているかもしれない。ロシアの農村共同体にもそういうものが保存されている。人間をほんとうに幸福にする革命は、そういう根源的なものにつながっていなければならない。そうマルクスは言いたかったのではないか。こういう考えがないと、反権力の闘いは、すぐにただの権力闘争に堕落する。学生たちが佐世保で投げている石が、なにかほんとうに新しいものを開いてくれるといいんだがなあ」

昼間からはじまって夜遅くまで続いたその日の会話は、網野さんと父との関係に、新しい段階を画するものとなったようである。この日から二人の飛礫研究が開始された。父は私に未開の戦争がどうなっているのか、調べてほしいと頼んだ。私は図書館に行って、ニューギニア高地人のおこなう儀礼的な戦争の詳細な記録を調べたり、人類学者の書いた戦争論を翻訳して聞かせたりした。ものを遠くに飛ばすということは、人類の意識になにをもたらしただろうと問いかけてくるから、ヘーゲルの『精神現象学』をよく読んで、自己意識の外に飛び出そうとする、人間の根源的な欲望について父に語った。

名古屋に戻った網野さんからは、三日にあげず、ぶ厚い封書が矢継ぎ早に送られてきた。中には中世の古文書からの抜き書きが、びっしりと書き込まれていた。それらの記録は主に、洛中で飛礫を飛ばす不逞の輩が横行しているので、よろしく取り締まるようにという御触書だったり、飛礫を飛ばすことを専門とするごろつき集団のことを批判している貴族の日記からの抜粋だったり、大神社の神人が強訴をおこなうときに礫を飛ばしてそれが神意であると主張しているのにたいする人々の驚きを伝える文書だとか、まあつぎからつぎへとよくもこんなに調べ上げるものだとあきれるぐらいの気合いの入れ方で、そうした手紙の末尾にはかならず「兄さん、この問題はとても大事なことですから、ぜひ早く本にまとめてください。出版社の心配をする必要はありません。私がすぐに見つけます」と書かれていた。

あの会話をきっかけとして、網野さんの思考の内部で激烈な変化がおこっているのが、私にもわかった。東京大学史学科に出した卒業論文のテーマに選んだ、若狭太良荘の荘園史の克明な研究にも、すでに悪党や職人の存在が見え隠れしていた。常民文化研究所に入って、漁業史の資料の研究をしているときにも、悪党や差別された人々の実態にたいする、深い関心が一貫していた。名古屋大学時代には、その中から「非農業民」という新しい概念が、力強く浮上してきた。そうした関心のすべてを、強力に統一する思想の核心部分が、今や沸騰する思考の中で明確な形をとりはじめていた。

網野さんは歴史に真実の転換をもたらすものの本質を、ようやく探りあてることができたという、たしかな実感をつかんだように見えた。常識をくつがえす視点に立ったまったく新しい中世像が、網野さんの前に明瞭な姿をあらわそうとしていた。この手応えをもって網野さんは、依頼されたまま長らく進行が難渋していた鎌倉時代の歴史書を、一気に書き上げようと決意した。中世の飛礫をめぐる網野さん自身の発見が、そこでは重要な役割を演ずることになるだろう。しかしそこで律儀な網野さんは、自分の思考に最初に火をつけてくれた人を立てるために、自分の本よりも先に父が飛礫についての研究をまとめて、出版しておいてくれることを望んだのである。

「そう言ってくれるのはうれしいが、網野君、ぼくはものを書くのは君みたいにすらすらできないのだぞ。しがない田舎者なんだぞ。まああせらないで、待っていてくれないかい。それよりもぼくのことなどに遠慮しないで、まず君がそのことを書くべきだよ。きっと革命的な本ができるだろう。それを読んで楽しむほうが、ぼくにはふさわしい」（中沢厚の著作『つぶて』はその後一九八一年、網野さんの尽力によって法政大学出版局から出版されることになる）

そう説得された網野さんは、その後一九七三年の夏休みを費やして、『蒙古襲来』の執筆に取り組むことになる。「この書を書いた年の名古屋の夏は暑かった。まだ、冷房のなかった四畳半の狭い部屋で、参照すべき書物を探す額からの汗が、たびたびしたたり落ち、原稿用紙を汚した」（『蒙古襲来』再刊版への「まえがき」小学館文庫）。そうやって書き上げられたこの書をもって、網野史学が誕生する。

網野史学の誕生

『蒙古襲来』は歴史書としては、異例の構成と文体で書かれている。まず冒頭に、つぎのような文章が、大きな活字で囲みの中に入っているのが、目に飛び込んでくる。

飛礫《つぶて》は一〇世紀の末から文献に出てくるが、鎌倉時代にしばしばおこった諸社の嗷訴《ごうそ》のとき、はげしく飛礫を打っている。日本だけでなく、朝鮮でも古くから「石戦」が盛んで、朝鮮に出兵した豊臣秀吉の軍は、民衆の投石による抵抗に苦しんだという。

事情を知らない人には、いったいなぜこんなところに、唐突に飛礫のことなどが出てくるのか、理解に苦しむところである。しかし、網野さんはどうしてもこの一文を、『蒙古襲来』という本の冒頭に置きたかったのだ。飛礫の一撃が、この本を書かせた。そして、この本は自分にとってもとても大きな意味をもつ本になることが予感された。だから、どんなに編集者に不審がられても、この一文をもってその本をはじめたかったのである。

そして「はじめに」の章がはじまる。なんとその章のタイトルは、「飛礫・博奕・道祖神」である。昂揚した文体による、十三世紀の三〇年代に全国を襲った飢饉の惨状の描写からはじまった文章は、親鸞の決定的回心の瞬間を、一瞬ライトの中に浮かび上がらせたあと、ただちに飛礫の主題に足早に移っていく。

飛礫は一〇世紀の末から文献にみえるが、とくに興味をひくのは寛弘《かんこう》九年（一〇一二）、左大臣藤原道長《ふじわらみちなが》が公卿《くぎょう》をひきいて叡山《えいざん》にのぼったときに飛んだ飛礫である。壇那院《だんないん》（原文ママ）の辺を騎馬のまま通りすぎようとした一行に、とつぜん、バラバラと石が飛んできて、前駆の一人の腰にあたった。「何をする。殿下がおのぼりだぞ」とさけぶ人々の前に、頭をつつんだ法師五、六人がおどり出る。「ここは壇那院（原文ママ）ぞ、下馬所ぞ、大臣公卿は物故は知らぬ物か」といいながら、なおも「飛礫、十度ばかり」。……ときの座主《ざす》はこれを「三宝《さんぼう》の所為《しょい》か」といい、むしろ石にあたったものは慎むべきだと語っている。権勢を一身にあつめた道長に対しても飛礫ははばかるところなく飛んだのである。（『蒙古襲来』）

このような事例を、つぎつぎと列挙したあと、網野さんは飛礫の「意義」について語り出すのである。礫を飛ばす習俗は、日本だけにおこなわれているものではない。朝鮮に出兵した豊臣秀吉の軍を悩ませたのは、朝鮮民衆の投石であったという記録もあるし、聖書にも人類学の報告にも、多くの事例を見つけ出すことができる。だから、これは日本に特有の「民俗」でもないし、日本人だけの心性を表現したものではないということがわかる。飛礫はアジア的生産様式を突き抜けて、さらに人類の原始（具体的には新石器から上部旧石器の時代のことが考えられていた）にまで深く根を下ろした、根源的な人間的行為であることを知らなければならない。そういう原始にまで根を下ろす行為が、「歴史の転換期」と呼ばれる中世のこの時代に、社会の表面に浮上してくる。それはなぜか。

飢饉にうちひしがれ、自然の猛威に苦しむ中世前期の民衆は、その反面に、なお原始の野性につながる強靱《きょうじん》な生命力をもっていた。泰時に不気味な恐れをいだかせたのは、まさしくそうした底の知れない力ではなかったか。そして、親鸞の心に響いた「まことのこころ」もまた、その力に通ずるものではなかったか。（前掲書）

そこから一転して、博打の主題が登場してくる。実生活では博打に手を出すことのなかった網野さんは、若いときから博打に深い興味をいだいていた。中世では、博打打ちは「芸人」と呼ばれていた。つまり博打は立派な「芸能」だったのだ。どんぶりや壺の中に投げ込まれたサイコロは、しばしの時間、まったく人間のコントロールのきかない、純粋自由な状態に入っていく。よい賽の目を出そうと思ったら、人はただ「神仏に祈る」しかない。博打はサイコロが振られるたびに、時間からの小さなトランセンデンタルな離脱を実現していく。だから、博打は神仏の領域に近い芸能であったのであるし、それを扱う博打打ちは神仏の出現を演じてみせる猿楽者などと同じ、神仏に仕える芸能者としての認識があったのである。

「丁半」や「双六」が子供たちの遊びとなる一方、博奕を「反社会的」なものとする「通念」が支配的になるのは、南北朝内乱期以後のことで、この時代（鎌倉期）には、そうした「通念」は、まだ一般化していなかった。神仏に敬虔《けいけん》な祈りを捧げつつ、真摯《しんし》に博奕にうちこんでいく民衆。そこにもまた、あの（親鸞の心に響いていたような）「まことのこころ」に通ずるものがある、と私には思えるのである。（前掲書。括弧内は中沢による）

そして、最後が道祖神である。山梨に生まれた網野さんは、この神のことを体験的によく知っていた。丸い自然石や男女のセックスをあらわす石の形として表現されるこの神の祭りは、濃厚なエロティシズムの感覚に包まれている。藁や杉の葉をつかって小屋をつくり（その正面にはよく巨大な男根の模型がすえられた）、子供たちがそこにこもっていろいろな遊びをした。最後には小屋に火を放つ。燃えさかる火を見つめながら、人々は近親相姦をおこなった兄と妹をあらわすという道祖神を囃し立てる、卑猥この上ない歌を大声で唱和した。まことにそれは「風流《ふりゅう》」をきわめた祭りであったから、都でおこなわれると、上品な貴族たちは眉をひそめ、たびたび「度をはずした風流」として禁止されることになった。
これを網野さんは、日本人の野生の発現としてとらえた。

もちろんこのような祭りが、そのまま鎌倉時代に都のなかで行なわれたなどといっているわけではない。しかし、おそらくはこれに通ずる、人間の本源にかかわる「風流」が、大人たちをもふくむ祭りとして都にあらわれたのではあるまいか。権力者たちはこれを「下品」の神としていやしめた。そしてそれを禁止しようとさえしたのである。しかし道祖神とその祭りは、雑草のようにたくましく生きつづけた。現在もなお各地でさかんに行なわれるこの祭り、そこではげしく燃えさかる焔の色は、支配者にとってついにいかんともなしがたかった、民衆の心と生命力の強靱《きょうじん》さを鮮やかに物語っている、と私には思える。(前掲書)

ちなみに道祖神とその祭りは、原型を日本列島の新石器文化である縄文文化にまでさかのぼることができる、とも考えられている。網野さんの主張するとおり、それはアジア的生産様式を突き抜けた向こう側に広がる、人類の「原始の野生＝まことのこころ」にまで深く根を下ろした文化であり、そのような「野生」が巨大な規模で社会の表面に浮上してきた時代に、真実の社会の転換がもたらされることになったのだ。

こうして飛礫、博打、道祖神と列挙したあとに、おもむろに『蒙古襲来』のめざすところが宣言される。

もとより本書の第一の目標は、表題にかかげたとおり、蒙古襲来という前近代における最大にして、ほとんど唯一の本格的な外寇《がいこう》が、日本の政治・社会の歩みにいかなる影をおとしたかを、鎌倉時代後期の歴史をとおして明らかにすることにある。しかしそれとともに、私はこの時代を、さきのような日本人の野生が、なおそれ自身、社会のいたるところに横溢《おういつ》しえていた、おそらくは最後に近い時代としてとらえ、その躍動と変容の過程を、できるだけたどってみたいと思う。(前掲書)

こう語って、蒙古襲来から南北朝内乱期にいたる、数十年ほどの歴史の記述を開始するのである。このときをもって網野史学が生まれた、と私は書いた。なぜそんなことが言えるのか。

真新しい「民衆」の概念

飛礫と博打と道祖神に共通する要素を取り出してみよう。網野さんはそれが、アジア的生産様式よりもさらに始原的な人類の文化に根ざしたものである、という視点から出発している。

飛礫の行事が、原始的な儀礼的戦争から発達してきたものであることは、人類学の知見に照らし合わせてみても、ほぼ間違いがない。アジア的生産様式の発達とともに、国家というものが誕生して、大量殺戮をともなう征服戦争が発生するようになる以前、まだその心に「野生」を保っていた人々は、抑制のきいたルールの中で、儀礼的な戦いをおこなうのを好んでいた。

この儀礼的戦争の最中、人々は「自然」の状態に立ち帰っていく体験をしていた。儀礼の「戦士」たちは体に色のついた模様を塗り込んだり、植物の葉で体を覆ったりした。そうやって、石や矢の飛び交う「祭りの場」に登場したのである。そのとき、「自然」状態を体現する「戦士」たちは、かぎりなく神の領域に近い存在になっていた。

博打は人生に偶然性を取り入れるための「芸能」である。つまり、なにものにも縛られることのない絶対的自由の領域からのメッセージを、「神意」として受け取るための技芸だったわけだ。博打打ちが流浪する人生を好んだのは、ひとつの土地だとか人間関係のしがらみだとかに縛られるのを嫌ったからだが、そういう意味では彼らも神に近い人たちだったと言えるだろう。網野さんはのちに、社会関係が生み出すしがらみである「縁」を抜け出した、こうした芸能者たちの生き方の本質を「無縁の原理」と表現するようになる。無縁の原理もまた神の領域を動かしている原理なのである。

道祖神はきちんとした神社の神様の仲間には入れてもらえないような、路傍の神様である。

神社の神様たちは、国家の意識とともにある。日本列島にアジア的生産様式の考え方にもとづく国家がつくられてきたとき、ちゃんとした神様とそうでない神様のふるい分けがおこなわれた。そのとき道祖神は、縄文時代以来の「人類の原始」に根ざす神として、神道の体系の外に放置された。その意味で、この神様も「野生」の領域に属している。

歴史の意識は、アジア的生産様式の誕生とともに発生する。それまで人々が語ってきたのは神話だった。ところが文字がつくられ、それによる記録がはじまると、神話は歴史につくりかえられてくる。そう考えてみると、飛礫も博打も道祖神も、網野さんが『蒙古襲来』の冒頭に掲げている「人類の原始」を体現する文化のどれもが、アジア的生産様式には組み込まれないもの、それ以前からあったもの、歴史意識の外に根ざしているものであることがわかってくる。つまり『蒙古襲来』を書く主体は、飛礫・博打・道祖神をとおして立ち上がってくる、歴史意識の外に置かれてきたものに立脚して、歴史を記述する行為をおこなおうとしていることになる。そうやって網野さんは、これまで「歴史を書く」という行為の中で無意識に前提とされてきた、思考の制度のようなものを解体してしまおうとしたのである。

吉本隆明が、それとよく似た思考をおこなっている。こちらはヘーゲルの歴史哲学を深遠に読み解くことによって、アジア的生産様式の以前に広がる「アフリカ的段階」という概念を取り出してきた。ヘーゲルは「アフリカ的段階」などは、取るに足らないものだと考えた。ところが吉本隆明は逆に、今まで世界史の意識の外に捨てられてきた「アフリカ的段階」を出発点にすると、今人間のおこなっていることのすべてが、意味を変えたり、失ったりしてくることを見出したのだ。今までは無だと考えられてきた、歴史意識の外に立つわけであるから、これはある意味では、ヘーゲルにおいては失われているトランセンデンタルな思考を歴史的思考の中に注意深く取り戻そうとしているのだと言ってもいい。

それにしても、なんと奇妙なトランセンデンタルではないだろうか。網野さんの歴史の「学」では、それが飛礫を飛ばす悪党や、無頼な人生を送る博打打ちや、性愛の神秘を言祝《ことほ》ぐ路傍の神様だとか、大地とともに生きる民衆の中に、そのトランセンデンタルは宿るのである。それは言ってみれば「日本国」を抜け出ているアジール（避難地）だ。アジールは権力が手を触れることのできない空間である。つまりそれは権力の思考を離脱している。そういう空間に立つと、人は「日本国」というものさえ抜け出ていくことになる。そしてこの離脱によって、その人は逆に列島に展開された歴史のすべてを見とおす力を獲得することになる。

ここが『蒙古襲来』にはじまる網野さんの歴史学と、それまでの民衆史観的な歴史学とを、決定的に分ける点である。実証主義的な歴史学の中で描かれてきた「民衆」は、こう言ってよければ、近代人としての人間の「底」の抜けていない、ひとつの閉じた概念なのである。「底」が抜けていないことによって、それは近代的に理解された権力と、相対的に同じ地平の中で対立し合う概念となることができる。ここから権力と民衆の弁証法的な闘争として、歴史は理解されることになる。しかし、そういう「民衆」の中からは親鸞は生まれてこられないのである。親鸞の魂が到達していた深さにたどり着くためには、近代人の「底」を突き抜けた「まことの心」のレベルにまで、達していくことができなければならない。ところが実証主義的な歴史学のよりどころとしている「民衆」からは、そのような創造力は原理的に発生してこられない。

網野善彦が『蒙古襲来』に展開した歴史記述の出発点にすえた「民衆」は、ひとつの概念としてそれとは違う構造をしている。この「民衆」はアジア的生産様式の向こう側に広がる「人類の原始」にまで根を下ろしたものとして、国家の意識と結合した歴史記述そのものの外に向かって、自分の「底」を抜いてしまった概念なのである。この概念から出発する歴史記述は、言わば「アフリカ的段階」という人類的普遍に立って、そこから歴史の展開の多様性のすべてを包み込んでいくようなものになっていくだろう。

そしてなによりも、近代の「底」を抜いたところに生まれてくる「民衆」という大地的概念には、親鸞のような宗教者が出現してくることを許す条件が整っている。あらゆる真実の宗教は、トランセンデンタルに触れる体験から生み出されてくるが、網野史学の根底にすえられることになるこの「民衆」という概念は、それ自体が上からの超越とは正反対の、大地性への内在によって超越を果たしていく親鸞のような宗教思考を、自分にふさわしい思想として、迎え入れることができる。この意味で、網野さんが創造した「民衆」の概念は、ドゥルーズ＝ガタリによって創造されて、今日ではネグリによって新しい展開が試みられている「マルチチュード」の概念にきわめて近いところにいるわけだ。網野史学は、その誕生を画すこの『蒙古襲来』において、緻密な実証をとおして実証主義的歴史学を乗り越えていくという、かつてない歴史学の冒険に踏み出したのだった。

このようにして飛礫の一撃が、網野さんの学問を新しい歴史の「学」に変貌させていったのである。私は幸運にも因縁の恵みによって、その過程のほぼ一部始終を、間近で目撃することができた。しかしそのために今私は、望んでもいなかったのに、歴史の「語り部」の役目を果たさなくてはならなくなってしまったわけである。

第二章　アジールの側に立つ歴史学

『無縁・公界・楽』の頃

帰り際に網野さんから手渡された、平泉澄《ひらいずみきよし》の著作『中世に於ける社寺と社会との関係』（一九二六年）を小脇にかかえて、名古屋駅から新幹線に乗り込んだのは、たしか一九七六年かその翌年のことだったと記憶する。その本の第三章をとくによく読んで、あとで意見を聞かせてほしいと言われたのだ。そこには「アジール」の問題が取り上げられている。その論文はたぶん、この主題をめぐって日本人が書いたはじめての研究だ。内容はたしかに画期的だが、そこには克服すべき多くの問題点が含まれている。しかし、その克服の作業はまだじゅうぶんにおこなわれたことがない。宗教学から見て、この本の価値をどう判断するか、よく考えてみてくれないかというのだった。

その頃、網野さんはアジールの問題に没頭していた。アジールは人類学や宗教学では、古くからよく知られた主題である。神や仏の支配する特別な空間や時間の中に入り込むと、もうそこには世俗の権力やしがらみによる拘束が及んでいない。そのため、アジールの外でたとえ罪を犯した者でも、そこに逃げ込めばもう法律の追求は及んでこられなかったし、いやな結婚から逃げたいと思っている女性や、苦しみ多い奴隷の生活から脱出したかった者も、多額の借金をかかえてにっちもさっちもいかなくなった者などでも、アジールの空間に入り込めば、いっさいの拘束や義務から自由になることができたのである。

このようなアジールは、だいたいが由緒のある寺院や先祖の墓などのある場所を中心に、さまざまな形で設けられていた。「サンクチュアリ（聖所）」と呼ばれているのも本質的にはアジールといっしょで、精神に病をかかえた人々が避難の場所として逃げ込んだ「アサイラム（アシュラム）」は、近代になってはていのよい隔離所として機能するようになった。いずれにしても、近代以前の社会にアジールのような空間が存在できたということは、そこではまだ「権力」というものが人々の生活の微細な領域にいたるまで、またすみずみにいたるまでその影響力を及ぼすことができずにいた、という事実を示している。私たちの生きている現代社会には、もうこういうアジールはほとんど存在できない。女性は自由になったし、奴隷が社会制度であるような場所もほとんどなくなった。しかしそのかわり、私たちの日常生活はすみずみにいたるまで、また感覚の微細な領域にいたるまで、権力の浸透を許してしまっている。高度に情報化され組織化された警察力を背景にしている法律の拘束力から、完全に自由であるような人も物も、もはやいない。

アジールは存在できない——それが現代人の「常識」である。その常識はメディアや教育や家庭をとおして、子供の頃から私たちの心に深くすり込まれている。今日の歴史学者とて、その例外ではない。アジールの実在感を感じ取ることのできないままに、アジール的なるものへの感性を抑圧する教育システムをくぐり抜けて研究者となった彼らは、近代以前の社会に生き生きと実在していたアジールの息吹を感じ取れなくなってしまっている。そういう抑圧された意識によって解読され、解釈された「歴史」なるものが、今日のアカデミズムを支配する歴史学を再生産する様式となっている。

とりわけそのことは日本の歴史の場合には、中世史の研究に由々しい傾向を生み出している。なぜならこの時代ほど、権力を構成しているのとは異質な原理にしたがって生きている人々の力が、社会の表面に大きく浮かび上がってきた時代もないのにもかかわらず、思考の細部、感覚の細部にいたるまで、「権力」という力の様式に支配された現代人の思考をとおして、その時代のことが解読されたり、解釈されたりしているからである。

歴史学とは、過去を研究することで、現代人である自分を拘束している見えない権力の働きから自由になるための確実な道を開いていくことであると、網野さんは信じていた。話をしている最中に、こちらが少しでも今の学問の世界に行きわたっているような常識に依存した発言をしたりすると、「歴史学は意識を解放するための方法でなきゃだめなんだよ。よく知りもしない相手に自分の常識を押しつけるのは、ぜったいによくない。ぼくは今日の常識が明日の非常識に変わってしまう光景を、何度も目撃してきたからね。今日の常識に依存して歴史を解読しようという君の態度は、ぜんぜんいただけない」という厳しい言葉がしょっちゅう飛び出していた。「ぼくは別に歴史学をやってるわけじゃないよ」などと反論しようものなら、「いや、どんな学問でもそれは同じだ」と、ますます頑強に攻撃してくる。そしてこちらが辟易した顔をしていると、少し反省したのか「でも、とりわけ歴史学はそうじゃないといけないんだ」とひとこと、これが網野さんの思想だった。

だから、アジールの研究は、網野さんの中でも特別な意味をもっていたのである。寺院や聖所や山林など、歴史的な形態として実現されてきたものの中から「アジールの論理」というものを取り出し、その論理にもとづいてすべての歴史的事実の再解釈を敢行するとき、日本の歴史はいったいどんな風景に一変することになるのだろうか。今はもう存在することがなく、過去においても理想的な状態は長いこと持続することはできず、またこれからのちもけっして実現することはないだろうが、そのことについて思いをめぐらし、その理想を実現するために心を傾けて努力することによって、世界は変わっていくかもしれない。アジールとは、そういう概念なのである。

そのアジールを現実の中に生み出そうとする試みを、歴史的事実の中から探し出すこと。そしてアジールを消滅させていこうとする勢力にではなく、その逆に地上にアジールを実現していこうとする試みの側に立って、歴史の意味を根底から問い直していくこと。こうして網野さんは『無縁・公界・楽』(平凡社　一九七八年)と題された書物に結晶していくことになる探求に、取り組もうとしていたのである。その書物はおそらく、彼の歴史学者としての人生の中でももっとも冒険的で、もっとも大胆で、おそらくもっとも未来的な可能性をひめた探求となるはずのものであった。

狂気の側に立つことによって、ミシェル・フーコーはまったく新しい歴史学を創造してみせようとした。それと同じように、網野さんは近代になって社会の全域から抹殺されていったアジールの論理の側に立って、歴史学が人間の営みにたいして与えてきた意味づけを、根底からくつがえしていく必要を感じたのだ。そのくつがえしは、根こそぎの、総体を巻き込んだ転倒の試みとなるだろう。なぜなら、歴史学者自身を拘束している「常識」は、私たちの生きているこの世界をつくりあげている全体的プログラムの、重要な一部分であるのだから、それをくつがえしていく作業は、どうしても総体的かつ根こそぎなものとならざるを得ないからである。

こういう仕事に取り組もうとした人は、日本の歴史学者ではてっきり網野さんがはじめてなのだろうと、私は思い込んでいた。ところがそうではない、と網野さんは言うのだった。アジールの主題は、人間的自由の本質にかかわる概念だ。「面白いことに」そのアジールを日本で最初に研究したのは、平泉澄という人物なのである。このときの網野さんの「面白いことに」という言い方には、なんとなく「困ったことに」とか「くやしいことに」というニュアンスが込められているのを、私はひそかに感じ取った。

平泉澄は東京帝国大学国史学科の教授として、戦前から戦中にかけて、大学の内外に絶大な影響力と権力を行使した、皇国史観の大立者である。専門は網野さんと同じ中世史。関心領域も、重なっていることが多い。その人物が、若い日に修士論文として東大国史学科に提出したのが、『中世に於ける社寺と社会との関係』という著作であり、その本で平泉澄はまさに中世の寺社がアジールとして機能していたという、まことに卓抜な論を展開したのである。

その話に私は大いに興味をいだき、ぜひその本を読んでみたいものだと考えた。しかし、自分からはなかなかその本を貸してください、とは言い出しにくい雰囲気があった。以前に借りた本を何冊も、私はまだ返していなかったからである。そこで私は迂回戦術をとって、古本屋で手に入れて読んで興味をもった、平泉澄のフランス革命論である『革命と伝統』のことを話題にしてみることにした。私はその中におさめられているバルザック論などを、なかなか立派なものだと感じていたからである。すると網野さんはそのとき、苦々しそうにこう言うのだった。

「平泉澄の若いときの本は、どれも着眼点はいいのだけれど、結局はつまらない結論に落ち着くことが多いと、ぼくは思う。そのアジール論を展開した本にしたって、石井進さんなんかはとてもすばらしいって誉めるんだけど、ぼくはそうは思わないんだ。でも、平泉澄のアジール論でいったいなにがだめな部分なのかと言われると、ぼくにもまだはっきりしないところがある。君は宗教学をやってるわけだから、こういう話題はお得意だろう。どうだい、その本を貸してあげるから、読んでみないか。そして、あとで感想を聞かせてくれないかい。返してくれるのは、このつぎ名古屋に来るときでいいよ。そのときは前に貸してまだ返してくれてない本といっしょに、かならず返してくれよ」

こうして私はまんまとその本を借り出すことに成功した。新幹線に乗り込んで、その本を読み出してみると、あまりの面白さにぐいぐいと引き込まれ、東京駅に着いたときにはすっかり一冊を読み切ってしまっていた。正直な話、私もその本にいたく感心してしまったのである。

若き平泉澄の知的冒険——対馬のアジール

大正八年の五月、当時まだ大学院に入りたての学生だった平泉澄は、玄界灘を越えて対馬に渡っている。古記録に散見する、対馬の天童山周辺に実在したという「アジール」の痕跡を確かめる旅であった。これについていちばん古い記録は、朝鮮の魚叔権が著した『稗官雑記』にある、つぎのような記事である。

「南北に高山あり、みな天神と名づく。南を子神と称し、北を母神と称する。家々では素饌をもってこれを祭る。山の草木と禽獣をあえて犯す者なく、罪人が神堂に走り入れば、すなわち

あえて追捕せずと」（中沢による読み下し）
南北にそびえる高山とあるのは、南岳は豆酘《つつ》村の龍良《たてら》山をさし、北岳は佐護《さご》村の天童（道）山をさすと伝えられる。いずれも実在の場所であり、十六世紀後半に書かれたこの記事が信用するに足るものとすれば、かつて天童山周辺の山林ではいっさいの動物や植物を傷つけることが禁じられ、罪人でさえその山林に走り込んでしまえば、もう世俗の法の力の及ばない領域に入ってしまったとして、人々は追捕をあきらめなければならなかった。人類学的に見ても、これはまぎれもないアジールである。「野生の思考」が活発な働きをおこなっていた頃には、人間は自分たちの生きている世界を、社会的な規則がつくりあげている「文化」の領域と、動物や植物の生命を生み出しているトランセンデンタルな力の支配する「自然」の領域とのふたつに分けて、ものごとの意味を思考しようとしていた。社会的な規則の支配できる領域は、まだ今のように地球上に全面化されていなかった。それは人間の開墾した狭い領域に限られていたため、自然の根源につながるトランセンデンタルな力の充満している領域は、「神のみそなわすところ」として、社会的な規則や法の支配圏の外部に置かれたのである。
社会的な規則と法の外部にある神の領域にあえて踏み込んでいける資格をもっていた人は、ごく限られていた。そういう人たちは、たいがいトランスの能力をもっていた。もともと本人のもっていた資質を厳しい修行で鍛え上げることによって、彼らはトランセンデンタルな力の支配する領域に入り込んでいける能力を身につけようとした。こういうシャーマンの原型のような人々の存在は、朝鮮半島では古くから確認されている。はるか昔から朝鮮文化と深いかかわりをもったこの対馬では、そういうシャーマンが「天童法師」の名で呼ばれていた。

このような「野生の思考」は、中世に入ってもますます活発な活動を続けていた。それまで長いこと野生の思考は自らの思い描くところを、神話的思考として表現してきた。ところが中世に入ると、仏教や陰陽道のような高度に体系化された宗教的知識の力を借りて、野生の思考は自分のかかえている思想に、体系的宗教としての表現を与えようと試みるようになる。その中からいわゆる中世の「神道」というものがつくられてきている。

神話的思考にとって、トランセンデンタルな領域は、動物や植物の世界である深い森の中にあった。そこに棲む熊のような動物が、自然の根源にひそむ威力を代表していたのである。ところが国家が形成され、その支配が列島のすみずみにまで及んでくるようになると、社会的規則の外部にあった「自然」の領域の権威は、しだいに侵食されるようになる。そして社会的規則の世界を支える権威である「天皇」が、この「自然」の領域にも支配圏を拡大してくるようになる。それはたしかに一面では野生の思考の没落を示している。しかしそういうことが現実化しつつあった中世という時代は、もう一面においては、新しい形に表現し直された野生の思考と近世的な権力思想とが激しくせめぎ合う、カオスの場でもあったのだ。中世に生まれたさまざまな思想の表現が興味深いのは、そこにまだ野生の思考の生命力が横溢していたからである。

今日に伝わる対馬の天童山伝承を生んだのも、そういう中世的思考にほかならない。元禄三年に島主の命令で島の知識によって著された『天道法師縁記』には、つぎのような内容が書かれている。

天道法師は天武天皇の白鳳二年に対馬の豆酘に生まれた。大宝三年、天皇が不慮の病に陥られたとき、詔を発して幣帛を携えた使いを天道法師のもとに遣わして、宮中にお召しになった。すると法師の呪術によって天皇の病はたちまちにして癒えた。天皇は天道法師の験力にたいへんな感銘を受けられ、宝野上人というお名前と菩薩号を与えた。天皇はお前の望みどおりのものを褒美としてとらせようとおっしゃった。そこで天道法師はこうお答えした。私の住む対馬州は遠い西の果ての僻地にあり、強い風によって海はつねに荒れています。そのために都に労役を運ばなければならない人民は、ひどい苦労をしております。それゆえ願わくは、我が対馬州の貢ぎ物を免除していただけないでしょうか。また島中でおこった犯罪について、罪人が天道山の領域に入り込んでしまった場合、罪の軽重を問わず、ことごとくこれを許すという州の風習を、認めていただけないでしょうか。ほかに望みはございません。

これを受けて天皇は、法師の言葉どおりに対馬州の貢ぎ物の免除を許した。

江戸時代の初期に記録されたこの伝承には、とても興味深いことが語られている。対馬の豆酘の龍良山と佐護の天童山の山林に、かつては広大な神域がつくられていた。この神域に人々はめったなことでは足を踏み入れなかったが（そのあたりの森は昔は「恐ろし所」と呼ばれて、周囲を結界されていたともいう）、その森の内部には特別な修練（この法師たちはおそらくは仏教とはあまりかかわりがなく、宇佐を根拠地にした豊前法師などと同じく、シャーマン的・道教的な修練を積んだ人たちだったのだろう）を積んだ少数の「法師」が住んでいたのである。「天童法師」と呼ばれるそのシャーマンたちに守られたこの神域は、みごとなアジールとして機能していた。この森の中には、世俗の社会をつくりあげている「文化」の原理は、及ぶことができない。社会的規則に守られた「人間の領域」は、その森の入り口で終わり、そこから先の森の内部には、トランセンデンタルな別の原理が支配しているのだ。そのために、外の社会で罪を犯した者も、この森のアジールにいったん逃げ込んでしまえば、それ以上の追及を免れることができた。その境界で、言わば世俗の縁が切れるからである。世俗の法が定める善悪の判断は、そのアジールの内部にはもはや通用しない。こうしてアジールの内部は言わば「善悪の彼岸」にある、神の領域としての生命を保ち続けたのであった。
その「アジール権」を天武天皇が承認した、とその法師集団では主張されていた。しかも天童法師の求めに応じて、この法師集団の住まう対馬州全体が、租庸調の課税を免除される由の詔が発せられたこともあると主張されている。たしかに、これは異常な記事である。古文書ばかりではなく外国語にも堪能だった平泉澄は（戦後の国史学科に入学する学生の多くが概して外国語が苦手であるのと、これはいい対照である）、ド・クーランジュなどの著作を通じて、早くからアジールという概念に通じていた。日本史の表面にはっきりとはあらわれてこなかったこのアジールの存在が、これほどまでに明確な形で表現されている例は、それまで知られていなかった。二十代の若者によってなされた、これはまぎれもない大発見である。彼は自分の目でそこをぜひとも確かめたいと考え、それを実行に移した。

予はこの問題を解決せんがために、大正八年五月中旬、玄海の濤を越えて対馬に至り、子細に豆酘の龍良山を視察した。龍良山は一に多氏良、または多氏羅、立良などともかき、対馬の南端、豆酘と与良と西村の中間に聳えており、東を雄龍良、西を雌龍良という。しこうしてアジールの研究にもっとも主要なる場所は、雌龍良山東南、浅藻村に向かう麓に存する森林であった。この森は古来八町角と伝えられている。すなわち八町四方の謂いである。しこうしてその中に一つの石壇がある。石壇は大小の平石をもって層々重畳し、基底は正面二十尺、側面十八尺、段数すべて七層、上るにしたがってしだいに狭く、最上層にはおよそ三尺四面の平盤の石を載せてある。前の天道法師縁記に、

「天道法師の入定地は、豆酘郡の卒土山の中腹にある。その土地を計測してみるに、縦横八町ばかり、その区画内に平石を積み上げ、九重の宝塔となしている。そこは絶景の景勝地で、雲は地を覆い、霞はあたりを遮り、まさに鬼が守り神が護る土地である。そこには雑草は生えず、清掃しなくとも塵ひとつない。じつに天上界の光景とも、異界の霊場ともいうべきである（中沢による訳）」

というもの、すなわちこれである。予がこの森に入ってこの石壇の前に立ったのは、大正八年五月十三日の、もはや暮れ近き頃であった。古来かつて斧を入れぬ樫の密林は、鬱蒼としてほとんど天日を見ず、木は千年を経て自然に倒れ朽ち、落ち葉は地に堆くして深く足を没した。怪鳥の声、幽渓の響き、聞くものすべてものすごく、壇前に立って四顧するとき、鬼気のただちに迫り来るを覚えた。（『中世に於ける社寺と社会との関係』表記は読みやすく変えてある）

この森に踏み込んで、聖所の発する古代的なたたずまいに圧倒された若き日の平泉澄は、そ

対馬には天道信仰の遺跡が数多くのこっている。天道山、天道地、天道茂などと呼ばれている。写真は、天道山の南側の麓、森の中の苔むした石積みの塔・八丁郭で、古くは卒土（ソト）と呼ばれ天道信仰の聖地であった。（写真提供／対馬市教育委員会厳原事務所）

こが天童法師に由来する聖地であるなどという伝承は、のちの時代のこじつけ説にすぎないのであって、むしろこの森林をアジールとする風習は、天童と称する法師集団がそこを管理するようになるよりもはるか以前から、この地におこなわれていたものに違いない、と推論するのである。しかし、そんな推論にはたして事実の裏づけを与えることができるだろうか。この論文を読んでいた私をとくに感心させたのは、つぎに彼がとった思考の飛躍である。

平泉澄は先の『天道法師縁記』に出てくる、天童法師の墓所とされる「卒土」という地名に注目する。このアジールの森は、かつて「ソト」という名前で呼ばれていたのである。そのことは江戸時代に書かれた別の地誌に、「卒土の内」や「卒土の山」や「卒土の浜」といった呼び名が出てくることによっても確認できる。では「ソト」とはなにか。日本語によってこれを理解するのは困難である。とすると、これは外国語起源であろう。対馬の地理的状況から考えて、もっとも可能性の高いのは、「ソト」が古代朝鮮語であることだ。

対馬が位置朝鮮に近きことはいうまでもない。ことに一度壱岐対馬を踏査するときは、この二つの島が相並んでつねに併称せらるるにかかわらず、自然の地理、動植物の分布ならびに古き習慣の著しく相違し、対馬は壱岐よりもむしろ朝鮮に近きを想わしめる……対馬に産する雉の首に白い輪のあるは、山猫の虎に似ているのとともに朝鮮系統であり、その青海村においては今も屍を海岸の石原に棄てて碑は別にこれを立てる風習を伝え、まったく朝鮮と同じ風俗であったと察せられる点が少なくないということである。ここにおいてソトを解するに朝鮮語をもってしようとする試みは、相当に理由するものと言わざるを得ぬ。(前掲書)

なかなかにこまかい観察眼である。これは歴史学者のあいだでよりも、むしろ民俗学者や人類学者のあいだに見出されることの多いタイプの観察眼である。そしてこの多才の人は、古代朝鮮資料を探って、なんなく「ソト」の語源を見出すのである。それは『三国志』の記事に出てくる。

韓にこういう風習がある。鬼神を信じて、村々に一人を立てて天神を祭るのである。その者を天君と名づける。また諸国に別の型の村もあって、「蘇塗(ソト)」となしている。大木を立てて、そこに鈴と太鼓をかけ、鬼神を呼び寄せるのである。この「ソト」の内部に、さまざまな逃亡者が入り込むと、「ソト」の人々はみなこれを外に追い出そうとはしない。よく旗竿を立てて、それを「ソト」の標識とする。仏教にもこれとよく似た風習があるが、考え方は違うのであろう。(中沢の訳による)

ここで平泉澄はあきらかに、対馬を含む北九州の一部と南朝鮮の一部とが、かつては同一の生活文化圏を形づくっていたという考えに立っている。しかもそこにはいかなる世俗の権力も踏み込むことのできない、自由空間の思想が生き生きと活動していたのである。この本が書かれてから十数年後、東大教授となった彼がさかんに権威を振り回しながらおこなった、罪つくりな皇国史観的な発言からは想像もできないブリリアントな思考である。またそこにはたしかに網野善彦の歴史学的思考にも通じていくような、現代的な思考の萌芽も見出すことができる。「中世における社寺と社会の関係」を探求するために、平泉澄はまずその探求を人類学的な普遍性の中に設定することからはじめている。中世の寺社は、世俗的権力にたいしてある種の特権と自由を享受することができた。その原因を彼は、権力というものの本質をめぐる「野生の思考」のうちに見出そうとするのだ。森に象徴される自然の領域を支配しているトランセンデンタルな力こそが、世界の根源にあるもので、人間が「文化」の原理をもってつくりあげる社会の中には力（権力）の源泉は存在しない、という思考がそこには、厳然たる威厳をもって作用し続けていた。アジールの思想はそこから発生してくる。そのような野生の思考が、中世には社会の全域に浮上してくる現象が見られるようになるのだ。

中世における寺社の特権を支えていたのは、まさにその古代的なアジールの思想であったと、平泉澄は考えている。世俗の法権力は、アジールの内部に自分の力を及ぼすことができない。

そこがトランセンデンタルな力をあらわす、神や鬼や仏の支配する空間であると考えられたので、「文化」の原理にもとづくものはそこに踏み込むことができなかったからである。課税の免除、罪人の保護、世俗のしがらみとの縁切り、徳政令免除と、中世の寺社は多くの特権を享受することができたが、そのおおもとになっている思想は、歴史学の外部に置かれてきたものの中に、見出されなければならないと考える点で、『中世に於ける社寺と社会との関係』という著作は、たしかに、それから七十数年後に書かれることになる網野善彦の『無縁・公界・楽』の先駆をなすものであったと主張しても、まずさしつかえはなかろうと、私も考える。

自由を裏切るもの

しかし、こうしためざましい着想の数々によって書きはじめられた『中世に於ける社寺と社会との関係』は、じつに幻滅を誘うほどの凡庸さをもって終わるのである。その結論の部分の味気なさといったらない。天才的なひらめきが働いたのはほんのわずかで、あとは凡庸な秀才の作文に終わるといった印象なのだ。日本列島に出現したさまざまなアジールは、戦国大名によってしだいに一円支配的な権力の内部に組み込まれていくようになり、近世を開いた中央集権的な政権の確立とともに、消滅への道をたどっていった。平泉澄は自分があれほどの情熱をもって探求してきたアジールの消滅を、ほとんどなんの感慨もなく、しごくとうぜんのなりゆきとして、すんなりと知的にやりすごしてしまうことのできる人物である。この本の第三章の結論部分には、後年の彼のたどることになる思考の道が、すでにあざやかに予告されている。そこには、こう書かれている。

我国の上代においては社寺にアジールの権はほとんどなかった。しかるに中世に入って初めてアジールの権が認められ、中世の末戦国時代に入って大に発達伸張し、しこうして近世の初め厳重にこれを禁止するに及び、アジールはその本来の性質を失って種々の変形を生じ、それも漸次衰微して、ついに最近世に入って全くその跡を絶ってしまった。この沿革を概観するとき、アジールの盛衰は実に政府の統括力のそれに反比例するものであることがわかる。それは実にアジールの性質そのものより、必然に導き出さるる勢である。けだしアジールなるものは、専断苛酷の刑罰、または違法の暴力の跋扈する乱世においてのみ存在の意義を有するところの、一種変態の風習なるが故に、確固たる政府ありて、正当なる保護と刑罰とを当局の手に掌握するときには、アジールは存在の意義を有せず、強いて存在せしむれば百害あって一利なきこと明らかである。この故に厳明なる政府が完全なる統治を実現せんとするときは、かくのごとき治外法権を否定するは当然のことである。(前掲書)

この本を網野さんから借りてから四カ月ほどがたってから、ようやく私は返却しなければならなかったほかの数冊といっしょに『中世に於ける社寺と社会との関係』をかかえて、名古屋のお宅を訪ねることができた。『無縁・公界・楽』を構成することになる論文のいくつかはすでに書き上げられていたので、アジールについての網野さん自身の考えも、しだいに明確になりつつある時期だった。私たちの話題は、とうぜん平泉澄のこの著作のことに集まった。

「どうだった。面白かったけ」と、網野さんはこちらの考えを探るような口調でたずねてきた。

私は正直に答えることにした。

「面白かった。抜群に面白い本だったね。これを読んだあと、平泉澄の書いたものをいくつも図書館で読んでみたんだ。彼の中でも、若いときに書いたこの本が最高の傑作なんだね。ほかの本はどれもたいしたことはなかったなあ。基本的に歴史学者というより、司馬遼太郎なんかと同じ歴史エッセイストのタイプなんだね。同じ時代の歴史家としては、京都の中村直勝《なおかつ》なんかのほうが、ずっといいんじゃないかと思った。でもこの本はすばらしいんじゃない。アジールの問題といい、供御人や神人のおこなう経済活動への着目といい、網野さんの研究ともずいぶん重なってるところがあるなあと思った」

「戦後の歴史家たちは、ずいぶん怠慢だったわけなんだよ。海民の研究に本気で取り組んでいる歴史学者が、日本にいったい何人いると思う。片手で数えられるほどわずかな人しか、関心をもっていないんだ。供御人や神人の活動の具体的なことなんて、つい最近までほとんどの歴史学者は関心をもっていなかった。中世の寺社がもっていた特権の源泉はなにかと問うたとしても、返ってくるのは政治経済論的な解釈ばかりだよ。アジールの問題について、戦前には平泉澄をはじめとしていくつかのいい研究が出はじめていたし、供御人の研究についても、君が今言った中村直勝とか豊田武とか、優れた研究がいくつもあったんだ。ところが戦後になって、盥《たらい》の水を流すのといっしょに、赤ん坊まで流してしまうやり方で、せっかく生まれかかっていたよい芽まで全部否定してしまったものだから、戦後の歴史学はまだずいぶんと貧困をひきずっているんだよ。戦前の歴史学者の研究などは無視してもかまわない、という傲慢があったんだろうねえ。ましてや皇国史観の平泉澄の書いたものなんかって気持ちだろう。でも彼のアジール論は、ある意味でとても優れたものだと思うよ。ことに対馬の天童山のことを書いたあたりは、ぼくも感心する。でもそこから彼が引き出してくる結論は、どれも全部間違いだ。だから、ぼくはあれをそんなに高く評価できないんだ」

「そのことはぼくも気になりました。平泉澄という人はバルザックなんかの本質もよくわかっているような人だから、アジールについて書かれた西欧の人類学の本を読んで、ずいぶん昂奮したんだと思うな。そのアジールが対馬の天童山の伝承として残されていることを発見したとき、いてもたってもいられなくなったんじゃないかなあ。とっても文学的な感受性をもって書かれている。こんなに文章のうまい歴史家って、今いないでしょう。それにしちゃあ、あの結論はないなあ。結局アジールは歴史上の変態であったという理解は、いったいどこから来るんだろう。アジールは人類学的存在なんだから、だいたいその考えは論理的に矛盾してるぐらい、頭のいい彼にはよくわかっていただろうに。青春の情熱の対象であった女性を、父親に反対されて、その父親の命令を受け入れてしまった自分を、なんとか合理化しようとしているみたいな感じを受けるなあ。『中世に於ける社寺と社会との関係』というあの本は、平泉澄の精神分析をするとき、格好の題材になるんじゃないかしら」

「平泉澄はアジールの主体のことを考えていないからさ。根源的な自由を求める心というのが、人間の本質をつくっている。だから人類はそれぞれの社会的条件に合わせながら、さまざまな形態のアジールをつくり出すんだ。未開社会には未開社会の自由の空間というのがあったし、古代社会には古代社会の自由を表現するための、都市というアジールができた。中世は沸騰する宗教の時代だから、アジールは寺社の権威を借りて、自分を実現しようとした。そういうものをつくり出そうとしているのは、人民の中にひそんでいる自由への根源的な希求なんだよ。そのことが平泉澄という男には、まったく見えていない。君の言い方を借りれば、女性の本質がわかっていないのに、女性を愛して、そのことを権威のある人からなんか言われると、あれは一時の気の迷いだったと言って、平然とその女性を棄ててしまえる感性さ。平泉澄がたいへんな秀才であったことはたしかだよ。でも、それだけでは人間はだめなんだということが、そのあとの彼の行動を見ているとよくわかる」

網野さんの構想しているアジール論が、平泉澄のアジール論と根本から激突し合っているものであることは、このときの話で私にもすっかり理解ができた。『無縁・公界・楽』が発表されてから、世間ではそれが平泉澄が戦前におこなった研究を発展させたものだ、という言い方がなされることがよくあったが、そのような言い方はいいかげんで、およそ適切ではない、と私は思う。二人のアジール理解、人間理解が、真っ向から対立し合っているからだ。

平泉澄が同時代において群を抜く、優れた歴史家であったことは、誰しも認めざるを得ないだろう。彼は「客観的な歴史学」というものを否定していた。それは、彼がカントを学んで、人間の本質は自由な意志にあり、その自由な意志が歴史を創造するのであるという思想を、いだいていたからである。「客観的な歴史学」には、大きく分けてふたつのタイプがある。ひとつは唯物史観に代表されるようなタイプの歴史学で、これは戦争や革命や政治動乱などを、生産力と生産関係のような客観的な物質的過程に引き戻して理解しようとするものである。歴史の原動力は物質過程にあるという、こういうタイプの歴史学を、平泉澄はあんまり本気で相手にしていない。

彼が問題にするのは、もうひとつのタイプの「客観的歴史学」である。このタイプの歴史学は、歴史から「民族の意志」といった主観的なものを除去した上でなければ、客観的な歴史を描くことは不可能であるとする進歩開明的な考えに立っている。平泉澄がもっぱらやり玉に上げるのは、このようなリベラルな歴史観のほうであった。彼は昭和七（一九三二）年に出版されて、戦前のベストセラーになったある本の中でこう書いている。

あるいは言うであろう、史学は科学として純粋客観を必要とし、その点において論ずるときは、自己となんら直接関与することなき、したがってなんら主観にとらわれざる外国の歴史においてこそ、もっとも完全にして公平なる歴史を見うると。思うにかくの如きは歴史をもって、たんに事実をありのままに描写すべきものと解する僻見より出発するものである。しかるに歴史は、その本質において、けっして事実そのままの模写ではない。たんに事実を事実として、全然自己の判断を拒否し、一個無関心の傍観者として対するならば、この世相は複雑混沌極まりなく、変転生滅ついに把捉しがたい。我等がこれを把捉しうるは、我等の力によってこれを組織するによる。しこうして我等がこれを組織するは、自らの意志により、信仰による。歴史はたんなる知的所産ではない。歴史の認識は知的活動の外に情意の活動を必要とし、しこうして自らの行を通して初めて得られるものである。（『国史学の骨髄』）

このような考え方の背後にあるのは、人間の本質は自由な意志力にあるという哲学にほかならない。その考えに立てば、歴史はけっして必然の過程でもなく、宿命によって流されていくものでもない。自由な意志をもって、「国家」を立ち上げていこうとする人々の出現するところに、はじめて彼の言う「歴史」が出現する。平泉澄にあっても、歴史の本質は人間的自由であるという理解が貫かれているのである。

したがって問題は、その自由意志の表現としての「国家」というものの中にひそんでいる。平泉澄の皇国史観においては、かつて「日本」を立ち上がらせた国家意志は、いくたびも立ち上がり、そのあいだに挫折や歪曲や逸脱を体験しながらも、そのたびに劇的な復活をとげることによって、同一の意志が持続してきたと考えられているのだ。その発端において（「建国」がその表現であると彼は言う）自由な意志として立ち上がった「国家」は、そのあと同一意志の反復・復活として、この列島上に同一の意志を持続させ、その意志が今日の「日東帝国」を生み出しているという考えである。

自由意志が歴史を開始させる。そこまではいい。しかしその歴史の過程を一貫して動かしているのは、同一の国家的意志であるとなれば、いったい中世史などはどう理解されなければならないか。とりわけアジールは？　アジールは法からも権力からも完全に自由な空間の創設をめざしている。そしていっさいの法や権力を超越した存在を象徴するところの神仏が、その空間の守護者となる。アジールには、原理的に言って「同一の国家的意志」なるものはまったく侵入することができないのだ。

そこで平泉澄はアジールをもののみごとに裏切るのである。同一の国家意志の反復を現実において支えるものは、完備した法と権力の体制である。アジールはそれを根底から否定して、人間の中に開かれた自由意志の領域に、まったく別の体系を創造しようとする思想に発している。アジールにはアジールの掟と法がある。しかしその掟と法は、国家的な権力を支える法とはまったく異なる原理にもとづいている。このような魅力をそなえたアジールにいったんは心奪われながら、平泉澄は同一の国家的意志を持続させていくために、アジールを否定しなければならなかった。

アジールの埋葬をもって、彼の青春は終わる。平泉澄はアジールとして表現された自らの欲望を抑圧するために、『中世に於ける社寺と社会との関係』を書いたのだとも言える。その抑圧の過程を、彼はまるで病院のカルテのように、包み隠さずに書いた。そのためにこの本は驚くべき現代性をそなえることになったのである。アジールを最初に発見した日本人の歴史家は彼である。しかし、アジールの意義を最初に否定したのも、彼なのである。

こののち平泉澄の国家化された自由意志は武装して、自らの意志の貫徹と、他者の自由意志の拘束と破壊に向かうであろう。近代を開いたのが自由意志の思想であるとすると、国家主義はまぎれもなく近代特有の病理である。まことに、平泉澄の皇国史観は、一個の精神分析学的症例であった。

未来につながる書物

このような平泉澄のアジール論を向こうに回して、網野善彦は実証科学としての歴史学の内部で、本質的な新しさをもつひとつの自由論を創造しようとしたのである。この時期に私は数回にわたって網野さんと会い、アジールをめぐるさまざまな問題を話し合った。歴史学の論文として書かれたものの表面には、そのことはあまりはっきりした形ではあらわれていないが、網野さんが自分のアジール論を本質的な人間論として構想していたということは、その頃交わした対話からもよくわかった。

『無縁・公界・楽』という本を準備していた頃に網野さんがいだいていた基本的なモチーフを、私は自分のやり方で、おおよそつぎのように理解している。人間の本質をつくっているのは自由な意志であり、それが人間と動物を分けている（この点は平泉澄の出発点と同じである）。自由であるということは、言語や法の体系を自然とはまったく違うやり方で、自ら構成できるという意味をもっている。すると構造主義が言うように、言語も法も恣意的な体系としてつくられ、それが今度は人間を拘束する力をもつようになる。自然が決定しているものから自由でいられる能力が、逆に自由な人間の本質を否定するようになるわけだ。

そのとき人間の中に、さらに根源的な自由を求める欲望が発生するのである（このことは平泉澄のような人がまったく思いもつかなかったことである）。人間は自然の決定するものから自由であることによって、言語や法や社会的規則の体系をつくりあげ、その体系の拘束にしたがって生きるようになった。そのとき同時に、人間の中にはそうした規則の体系を乗り越え、否定していこうとする新しい欲望が生まれる。根源的な自由を求めるトランセンデンタルな欲望である。社会的な規則の体系と、この根源的自由の欲望とは、まったく同時に発生する。両方とも、人間の本質が自由であることに根を下ろしているけれど、向かうところは反対方向を向いている。

この根源的自由を現実世界において表現したもののひとつが、アジールなのだ。アジールをつくり出そうとする夢や欲望は、それゆえ人間の本質に属している。平泉澄が主張するような法や権力の体系にとって「変態」などではなく、アジールはむしろ法や権力のさらに根源にある否定性をあらわしているのだ。人間の心のもっとも奥深いところで活動しているのが、この根源的自由であり、それは国家を立ち上げようとする意志よりも深い。

この根源的な自由が、さまざまなアジールの形態をとおして健全に作動している社会は、風とおしがよい。そういう社会では、権力がいたるところを一色に染め上げていくことを許さない。法や権力の絶対に侵入していくことのできないアジール空間が、そこここに実在していることによって、社会はたくさんの穴の開いた平面としてつくられることになる。その穴をとおして、根源的自由が社会の中にすがすがしい息吹を吹き込んでくる。

ところが国家を立ち上げる権力意志は、自分に突きつけられている否定性をあらわす、このアジールを憎んでいる。こうして権力とアジールとの、自由をめぐる永遠の闘いが発生するのである。近代に生まれた権力は、法にも縛られず、警察力の介入も許さず、租税を取り立てることも許さないこのような空間が、自分の内部に生き続けているのを許容することができなかった。そのためにアジールとしての本質をもつ場所や空間や社会組織は、つぎつぎに破壊され、消滅させられていった。

しかし、そのことを「進歩」と言うのはまったくの間違いだろう。アジールを消滅させることで、人間は自分の本質である根源的自由を抑圧してしまっているのである。根源的自由への通路を社会が失うということで、「文化」は自分の根拠を失い、自分を複製し増殖していく権力機構ばかりが発達するようになる。ひとことで言えば、世界はニヒリズムに覆われるのだ。

そこで平泉澄は、こう書くのである。「けだしアジールなるものは……一種変態の風習なるが故に、確固たる政府ありて、正当なる保護と刑罰とを当局の手に掌握するときには、アジールは存在の意義を有せず、強いて存在せしむれば百害あって一利なきこと明らかである。この故に厳明なる政府が完全なる統治を実現せんとするときは、かくのごとき治外法権を否定するは当然のことである」。このようなアジール論を根底から否定し去ることができなければ、私たちは古い歴史観を克服できたなどと言うことはできない。今日の歴史学は、はたしてニヒリズムを克服できているだろうか。自由の空間としてのアジールは実在したのである。「無縁」「公界」「楽」という中世の言葉で表現されたものこそ、人間の本質をつくる根源的自由を、空間のなりたちや人間関係の組織法や権力の否定などをとおして、現実の世界に出現させようとしたものにほかならない。そう考えることから、新しい歴史学はほんとうにはじまることができるのではないだろうか――私は『無縁・公界・楽』という本のモチーフを、このように理解したのだった。

「おじちゃんの考えでいくと、縁を断ち切った無縁を原理にすえても社会はつくれる、ということだよね」

「ああそうだ。無縁になってしまった人間たちを集めて、権力によらない自由な関係だけでつくられた社会空間というものは、実際に存在することができるはずなのさ。失うものは鉄鎖しかない人間だけが、今日ではそういう社会をつくることが可能だ、というマルックスの発想の根源も、そこにあると思うな」

「そうなると、無縁でできた空間にも、それ独特の構造もあれば、秩序もある、ということになるわけだね」

「ただそこには人間を人間に従属させる権力関係は発生できない。そういう空間が長い時間にわたって永続できるかどうかってことが、難しい問題になるわけさ。君はそういう実例を知らないかい。社会的な縁を否定してつくられている集団なのに、長いこと持続もできるというような人間関係って、宗教の中ではときどき発生してきたような気がするんだがなあ。ほら、君は八重山へ行って、秘密結社のあるお祭りを研究しているって言ってたじゃないか。南島の秘密結社って年齢階梯制をつくって、特別な集団をつくるんだろう。それについて、ちょっと詳しく説明してくれないかい」

　網野さんは私が学部学生の頃から関心をもって調べていた八重山群島のアカマタクロマタ祭祀の中に、なにかヒントが隠されているのではないかと前々から気づいていた様子なのだ。そう言われてみればたしかに、アカマタクロマタのお祭りの中には、共同体をつくるものとは違う原理が働いているようにも見えてくる。そのお祭りをするときには、村の男たちが「アカマタクロマタ」という特殊な集団を組織するのである。その集団はメラネシアの男性秘密結社の組織とよく似ている。いったんその集団に入ると、それまで自分が属していた社会での地位や身分や特権などがすべて消滅して、集団のメンバーはまったく平等の原則のもとに、「老」と「若」に分かれる年齢階梯にしたがってまったく新しい組織をつくり、そこにニライカナイからおとずれてくる仮面の神様をお迎えするのである。

「無縁とか公界とか楽と呼ばれた自由都市や一揆の中では、外の社会でどんなに権勢をふるっている人も、どんなに身分が高いと言われた人も、原則的にはみんな平等になってしまうんだよ。だから、そういうアジールの中に入るためには、外の社会でのしがらみや縁の一切を切らなければならないと、言われていたわけなんだ。では無縁や公界の内部がまったくの無秩序の平等かと言うと、そうじゃなくて、きちんとした秩序があり、立派な倫理観も育っていた。むしろ外の社会には見られない正義の感覚が強かったんじゃないかと、ぼくは思っているんだ。面白いことに、古文書を読むと、自由都市や一揆が『老若』によって組織されていた、と書いてある。ぼくはこの『老若』というのは、今君が話してくれた年齢階梯のある秘密結社の組織原理みたいなものをあらわしているんじゃないか、と思うんだが、どう思うかな」

とても興味深い話だったので、私は八重山で調べてきたことを詳しくしゃべった。その仮面のお祭りのおこなわれている村では、ふだんはヤマニンジュという組織がいろいろな決め事をしている。この組織はアカマタクロマタとは違って、家格や由緒や身分などのような「縁」の原理でつくられ、日常生活の秩序を支えている。ヤマニンジュは自分たちの神様をお祀りしているが、その神様は御嶽《ウタキ》に年がら年中いて人々の暮らしを見守っていてくれる「常在する神」なのである。

ところが年に一回、海の彼方からアカマタクロマタという神様がやってくることになっている日が近づいてくると、村の人間関係や集団の組織ががらっと変化をおこしはじめるのだ。ヤマニンジュで結ばれていた「縁」が切られて、男たちは別の原理で組織されたアカマタクロマタに移っていく。その集団の内部は年齢階梯性で組織されているものだから、日常生活の場で偉い人もそうでない人も、この集団に入るとまったく平等の資格で振る舞わなければならなくなる。そして、この南島の「無縁・公界・楽」の空間のうちに、森の奥の洞窟をとおって神秘的な仮面の神が出現してくる。この神こそ、その昔に折口信夫を震撼させた「まれびと＝来訪する神」の姿にほかならない。つまり、（とそこで私はひらめいたのだが）非農業民の思想を追求することの中から生まれた網野史学と、芸能史を根拠地にする折口学とは、深いレベルで通底し合っているのだ。まれびとの神と自由都市を生み出す無縁の思想とは、根底においてひとつのものである。そうか、折口信夫のまれびと論は、こっちの方向に発展させていかなきゃいけないんだ。私はそのとき自分の口をついて出てきた言葉に、自分でびっくりしていた。

網野さんは私の話を、身を乗り出すようにして聞いていたが、しばらく考え込んだあと、こう語った。

「そのアカマタクロマタという集団のつくり方は、山伏なんかの場合ともよく似ていないかい」

村の草分け（トゥニムトゥ）にあらわれたクロマタの神（谷川健一編『沖縄学の課題』1972年 木耳社）

「そうだねえ。あれも男たちが先輩－後輩の原理でできた特別な集団をつくって、山の中に入って何日も修行生活を送るわけだからねえ。山伏は山の中に入って、象徴的に死んでまた復活するという儀礼をするわけだけれど、それも八重山の仮面のお祀りとよく似ている。森の奥から出てくる仮面の神は、死の神であると同時に生命をもたらす神でもあるんだ」

「対馬の森のアジールに住んでいたと言われる天童法師というのがいたろう。君も言うように、あれはたしかに天童という法師の集団なんだろうと思うが、それが朝鮮の花郎《ファラン》みたいな集団だったとしたら、そこの組織原理はあきらかに年齢階梯制にもとづいていたと言えるだろうな。それにあそこの至聖所は、天童法師の墓所だと言われてたろう。天童法師たちはあそこで、山伏がやっている生と死の儀礼みたいなことをやっていたんじゃないかなあ。いずれにしても、それがアジールの原型だね」

仮面と貨幣

それから網野さんは私に、その南島の秘密結社と本土のほうの「座」とはどういうつながりがあるだろうとか、中世の「公界」や「楽」では貨幣と芸能が大きな働きをしていたけれども、それはアジールの本質とからめてどう理解すべきだろうとか、山のような質問をつぎからつぎへと浴びせてきた。それはまるで自分に問いかけているような様子で、私が答えることができないで黙っていても、まるでおかまいなしの様子だった。

そのとき網野さんが発して、私が答えられなかった質問の多くは、その後の私にとても重要な意味をもち続けることになった。それから二十年以上も、私はそのときの質問の意味を考え続けたのである。たとえば、アジールの空間と貨幣とのつながりについて、今の私はこう考えている。

「無縁・公界・楽」などと呼ばれる中世の日本列島に出現したアジールの諸形態は、概して都市的で貨幣経済的な性質をもっている。無縁や公界などが、もしも古代的ないしは未開的なアジールの末裔であるとしたら、原初のアジールのうちにもすでに都市的で貨幣的な性質があらわれてくるのでなければならないだろう。これは、いまだ貨幣経済などが発達していないところに、すでに貨幣の原型が出現していることを見出さなくてはならないような話である。はたしてそんなことは可能だろうか。

アカマタクロマタの神に聞いてみるのが、いちばんいいだろう。その神は一年のうち、特別なときにだけ、ナビンドゥという洞窟をくぐり抜けて、ニライカナイから人間の世界にやってくる神様である。ニライカナイは死者の霊とこれから生まれてくる子供の霊がいっしょに住んでいる、トランセンデンタルな世界だと考えられている。日常の意識の中では、洞窟の扉は閉じられ（そこも対馬の天童の地と同じように「恐ろし所」と呼ばれて、ふだん人々は近づこうとしない場所だった)、ニライカナイの話題は避けられている。ところが、仮面の神の出現のときにだけは、洞窟の口が開き、ニライカナイからの霊力がこちらの世界に吹き込んでくるのである。

御嶽の神は姿も形も考えられていない。ところが、仮面の神は草の葉で身を覆い、仮面を着装している神として、目で見ることのできる姿がある。トランセンデンタルな領域から、なにかの力が物質性を身にまとって、人間の世界にやってくる。そしてそれを迎える人間たちは、世俗での「縁」をいったん断ち切って平等な存在に立ち戻り、厳格な年齢階梯制の規則にしたがって特別な集団をつくって、身を清め居住まいを正しながら、あの世とこの世のあいだを往復するこの神を、厳かに迎え入れるのだ。

この仮面の神と貨幣はじつによく似ている、と私は言いたいのである。貨幣は具体的な使用価値と抽象的な交換価値のあいだを、柔軟きわまりない能力で行ったり来たりする。さあ跳べ、ここがロドス島だ。貨幣は飛躍するのである。飛躍して、違う存在のレベルのあいだを自在に行ったり来たりする。そして、商品の所有者と商品との「縁」を切り、「無縁」となった商品たちが完全な平等の資格で立ち並ぶ「市場」に集合してくるのをうながしているのも貨幣ならば、貨幣量の多い少ないという年齢階梯制にも似た「数量階梯制」をもって、商品が行き来するその空間に秩序と正義を打ち立てているのもまた、貨幣なのである。

仮面儀礼を生み出してきた野生の思考と貨幣経済の土台をつくり出している思考とは、心のまったく同じ構造から生み出されている。民俗学と経済学を結びつけている真実の環が、まさにここにあると言っていい。『神話論理』と『資本論』とが同じ場所で語り出され、おたがいの理解が響き合うような空間をつくり出すことが不可能でないことを、『無縁・公界・楽』は証明しようとしたのである。

だから、原初の森の中にひっそりとつくり出されていた古代のアジールと、中世の商人たちが貨幣の力と平等な人間関係をもとにして生み出そうとしていた自由の空間とが、同じ原理のもとに作動していたのではないか、という網野善彦の直観は、まったく正しいものであったと私は思う。『無縁・公界・楽』を受け入れるのを、多くの歴史学者は拒否することで、自分の身を守ろうとした。それはこの本の中で動いている網野さんの思考の大胆な運動に、そうした歴史学者たちの思考がついていけなかったためだった。それほどに根源的な思想が、ここには語られているのだ。そのためにこの本は、網野さんの著した多くの著作の中で、いまだに正確な理解のおこなわれていないほとんど唯一の書物として、孤独のうちに佇んでいる。網野さんは『無縁・公界・楽』を未来に向かって投げ出した。私たちの時代は、その未来にまだ追いついていない。

第三章　天皇制との格闘

コミュニストの子供

いっしょの仕事を終えたあと、みんなで会食をしているとき、若いディレクターのローザさんが、こう語り出した。彼女はフランスの映像制作プロで仕事をしている人だ。

「私は学校に行ってないの。フランスにはそういう制度があるのよ。しかるべき親が責任をもって教育するのであれば、無理やり学校へ入って勉強をしなくてもいいの」

その話を聞いていた私たちは、きっと彼女は個性の強い登校拒否児童だったのだろうぐらいに推測して、気楽な食事を続けながら、彼女の話に耳を傾けた。ところがそのあとの話を聞いて、みんなはびっくりしてしまった。

「私はまだ幼い頃お父さんとキューバへ出かけて、サトウキビ畑で労働をしていたこともあるわ。南フランスの農村に住みつくようになって、そこの共同体で農業をしていたこともあるしね。お父さんはトロツキスト系のコミュニストだったの。学校で勉強などをすると、私の知性が汚染されてしまうからという理由で、父は私を学校にやるのを拒否したのね。いつも古いゴムタイヤでつくったホーチミン・サンダルを履いていたわ。それに中国の労働者が着ていたみたいな、粗末な黒っぽい服を着ていた。お父さんも私もね。その姿のまま、二人してどこにでも出かけていった。そんなだからどこへ行っても、変な目で見られていたわ。フランス人なのに、フランスに住んでいても異邦人みたいな気持ちだったわね。コミュニストであるというのは、地上にあるどんな公認の共同体にも所属できない人間となることを覚悟することなんだなって、幼い頃に私は理解したわ。もちろん今の私はコミュニストなんかじゃないけれど、そういう生き方にも立派な意味があったなって、今では思うの。コミュニストの子供であったことは、それほど不幸なことではなかったわ」

ローザさんの話は、私には痛いようによく理解できた。彼女のケースとはだいぶ違うけれど、私も子供時代に、「コミュニストの子供」としての生活を送っていたことがあるからだ。そしてそういう子供時代を送ったことを、不幸だったとは思っていない。それどころか、今ではそのことに誇りを感じているほどだ。ローザさん、あなたが心の中にいだき続けてきた体験が、私にはよく理解できる。自分がコミュニストであったことはないけれど、そういう理想をもって生きた人々のことを、私は懐かしさと尊敬をもって、思い出すのである。

父親はホーチミン・サンダルではなく、私の小さい頃はいつも地下足袋を履いていた。作業中の農民の格好である。その格好で、労働争議の現場や細胞会議や農地委員会などに出かけていった。そういうとき、しばしば自転車の後ろの席に私を乗せて連れていってくれた。そういうところへ行くと、「これが厚さんの息子さんかい」と言って、年配の労働者が私を抱き上げてくれたりした。もの静かな農民運動の指導者たちは、ただ優しい目で微笑みかけてくれた。

住んでいたのが田舎町だったので、私たちは白い目で見られることも多かった。小学校では「アカの子供」と呼ばれて、わけのわからないいじめを受けたこともある。しかし父親はいつも闘志満々で、潑剌としていた。学校でいやな思いをして私がしょげかえっていると、真実はそのあたりに転がっているものではなく、闘って勝ち取らなければならないものなのだから、愚かな人たちが自分のことをどう思っているのかなどということを気にしてはいけないのだと言って、私を励まそうとした。そのたびに、自分はそんなに強い人にはなれないと愚図ったものだった。

父はいろいろな書類の職業欄には、いつも「農民」と書き込んでいた。そして商品経済を疑わしい目で見ていた。あるとき私が友達といっしょに焼き芋を買ってきたのを知った父親は猛然と怒り出して、芋は大地から採れたものを自分で焼いて食べればよいのだ、そういうものを商品として食べなければならないのは、ブルジョア経済にすがって生きなければならない市街地に住む連中だけなのであって、お前は大地で生産する人間の子なのだから、そんなものを買ってはいけない、すぐに戻してこい、お金はちゃんと返してもらうのだぞ、と言いつけるのだった。私はしぶしぶと、冷え切った焼き芋をあからさまな蔑《さげす》みの表情を浮かべた焼き芋屋に返却して、代金の五円を受け取って戻ってきた。おしゃれなことの好きだった私にとっては、まったく見栄も外聞もあったものではない。父親が政治活動に打ち込んでいた頃は、万事がこんな調子だったのである。

とは言え、私にも何人もの仲のよい友達がいた。それに田舎町では遊び場には事欠かなかった。倒産した製氷会社の廃墟のようになった工場跡や、経営不振のためにからっぽになった製紙工場の女子寮の跡などが、私たちの想像力を刺激する格好の遊び場となった。子供たちは市街地の外に広がる広々とした畑での健康な遊びにあきると、こうした市街地の「廃墟」に潜入しては、江戸川乱歩などで知った悪の想像力にふくらんだ、危険な香りのするいけない遊びに没頭したのである。

昭和天皇に出会った日

そういう市街地の遊び場の中でも、T醸造の工場はまた格別な面白さだった。当時売り出し中の政治家K（この男はのちに副総理にまでのしあがって、日本の政治に巨人な禍根をもたらすことになる）の経営するその葡萄酒工場は、なぜか生暖かい芋滓の匂いのする大量の工場排水を、早朝定時になるといっせいに農業用の水路に流し込むのだった。葡萄酒工場からなぜ芋滓が大量に排出されるのか。この謎を解くべく、私たちは少年探偵団となって、この工場の奥深くへの潜入を何度も試みた。そしてついに工場の奥に芋滓の大きな山を発見したとき、ここでつくられている葡萄酒の秘密を知ったのである。

従業員に見つかって、工場の敷地に林立する樽のあいだを逃げ回りながらも、私は勝ち誇ったような気持ちだった。Kは国政選挙を前に、山梨県下に自分の名前をつけた「信ちゃん飴」というキャラメルをばらまいて、「信ちゃん、信ちゃん、信ちゃん飴は」と連呼する歌までつくって、その歌を宣伝車から大音量で流すという、堂々たる違反すれすれキャンペーンを展開していた。小学校の授業中にその宣伝車が近くを走っていくときには、みんなが私のほうを振り向いて「信ちゃん飴、信ちゃん飴」と言ってからかった。私はそれにひどい屈辱を覚えていた。そこで私はその政治家になんとか報復してやりたいと、ひそかに暗い決意をいだいていたのだ。

その葡萄酒工場に昭和天皇がいらっしゃるというので、私たち小学生は何日も前から歓迎の準備に総動員された。その頃、昭和天皇はさかんに全国の巡幸をおこない、土地土地の名産品の工場などへ立ち寄っては、人々と親しく言葉を交わす「人間天皇」としてのパフォーマンスをおこなっていたのである。

授業を中止して近くの林へみんなで出かけて、コバシダケと呼ばれる細い竹を探すことから、その準備ははじまった。小学生たちは手に手に、この細い竹をもって登校すると、授業などはそっちのけで、日の丸つくりの作業に取りかからされた。白い紙が配られ、そこに正しい比率で赤い丸を描くわけである。それがすむと、整列と旗振りの練習である。もちろんそのときには口々に「万歳」を唱えていなければならない。

　こうして練習につぐ練習にうんざりしてきた頃、いよいよ本番の日がやってきた。例の葡萄酒工場の入り口の前に整列させられた少年探偵団の面々は、ひそかに目配せをし合った。私たちはひどくこっけいな感じがしていた。とてもずる賢い狐か狸のような政治家の御殿に御接待された昭和天皇は、もっともらしい説明を受けたあと、あのすてきなワインを召しあがるのだろう。私は大声で「狸のつくったその葡萄酒、芋焼酎入りだよ」と叫びたいのを、必死でこらえた。それが子供の無邪気な発言ではすまされないだろうということぐらいは、小学生にもなんとなくわかっていたからである。

　昭和天皇の乗った車は、ほとんど定時にやってきた。私たち小学生は一般の市民といっしょに日の丸を振りながら、「万歳」を連呼した。天皇の乗った車は、異常なほどゆっくりとしたスピードで、小学生たちの前を通り過ぎていった。開け放たれた自動車の窓から、身を乗り出すようにして、天皇は私たちに会釈していた。私は最前列で旗を振っていたために、そのとき昭和天皇の表情や身振りを、はっきりと間近で観察することができた。そして私は不思議な感動に打たれてしまったのである。

　なにかとてつもなく無垢なものが、自分の前を通り過ぎていったように感じたのである。ずる賢い政治家が自分をたぶらかそうと揉み手でお迎えしようと、人々が世俗の力を得るために自分の権威を利用しようとしているのが見え見えであっても、そんなことにはまったく無頓着な様子で超然とした静けさを保っているようななにかが、沿道に居並んだ人々に会釈をしながら通り過ぎていく。それは理屈抜きに感動的な光景だった。

私は一瞬、自分の振っている日の丸の旗が、人々に向かって手を振る天皇の指に触れたように感じた。教会で牧師先生の語っている神の栄光などは、どんなにしても抽象的で、子供にはとても実感的に理解のできるものではなかった。しかし、自分の前を通り過ぎていくこの世俗から超然とした無垢なるものは、手で触れることのできるなまなましい感触さえそなえているのだ。小学生であった私は、隣で涙を流して感動している田舎の老女とまったく同じように、聖なるものが肉体性をおびている、この原始的な宗教的権威のあり方に、深く心を揺さぶられてしまったわけである。

夕食の時間になって、私はその日の出来事を楽しそうに父親に話した。昭和天皇を間近に見たこと、おまけに手に触れたんだよ、思っていたよりもよさそうな人だと感じたなどと、無邪気な感想をしゃべった。するとその話を最初黙って聞いていた父親が、突然猛烈な勢いで怒り出したのである。

「ばかなことばかり言って、まったく情けない奴だ。誰よりもずる賢いのは天皇のほうじゃあないか。Kなどは比較にならないほどずる賢いのだぞ、あの天皇は。あの天皇の指導した戦争

敗戦の翌年1946（昭和21）年から、昭和天皇は、全国へ巡幸をくりかえした。写真は1947年８月、宮城県塩釜市への巡幸の際の光景。（写真／毎日新聞フォトバンク）

で、いったいどれだけの人が死んだことか。その戦争を遂行するために、人民の素朴な信仰心や忠誠心を、とことん利用したんだ。二・二六事件がおこる前に、俺はあの天皇が馬上にいる姿を見かけたことがある。立派な軍人だったよ。それが敗戦からまだ何年もたっていないのに、ほんとうはけっこう若いのに今度は優しいおじいさんに変身して、全国を回って善良な人民やお前のような馬鹿な小学生をだましているんだ。もういいかげんにしろ。天皇制が日本人の頭を曇らせているんだ。戦争に負けて、ようやく愚劣な雲が晴れたと思ったら、今度は別のもっとずる賢い手をつかって、人民の思考を麻痺させようとしている。天皇制を消滅させていかないかぎり、日本人に未来はないぞ」

私はすっかり元気をなくして、シュンとしてうつむいてしまった。このやりとりを聞いていた祖母が、父親の発言に抗議した。祖母はクリスチャンでありながら、隠れ皇室ファンであることを、私はひそかに知っていた。末端の宮様にいたるまで皇族の人々の消息に詳しく、新聞に皇室記事が載っていると、それをいつも熱心に読んでいる姿を見ていたからである。宮家につながるさる閨秀歌人こそが、彼女の理想の女性でもあった。

「ばちあたりなことばっかり言って。そんなことを言ったら、毅一さんが泣くよ。それにお前だって、昔は天皇さまにそんなあしざまなことを言っていなかったじゃあないか。まったく護人の影響で、お前まですっかりアカくなってしまって。とにかく子供にそんなアカがかった考えを吹き込むのはやめておくれ」

「母さんはまだ懲りていないのかい。父さんだってこの戦争の結末を見届けていたら、自分が『神・人・動物』の中に書いたことを、断固として否定すると思うよ。父さんの言う『国体』は人民の側に取り戻さなければならないんだ。日本人は天皇制という悪夢から目を覚まさなくちゃいけない。それに子供だから愚かであっていいという理屈はないでしょう。まったくこの社会は嘘で塗り固められていて、嘘に気づかないままに大きくなってしまえば、くだらない大人になるだけだ。それはアカとかアカでないとかいうこととは関係がない。子供だろうが大人だろうが、人間はいつも目を覚ませていなけりゃいけないんだ。母さん、言っとくけどねえ、俺は社会正義を求めているだけなんだよ。イエスとマルクスは同じことを言っている。母さんもクリスチャンのくせしてつまらないことばかり言うものじゃないよ」

祖母はむっとしてそれっきり黙ってしまった。食卓にしばらく気まずい沈黙が流れた。そこで私はその場の緊張をほぐそうとして、なにかのおちゃらかしを言ってから、父親のよく歌っていた民族独立行動隊の歌と『パリの屋根の下で』を立て続けに歌ってみせた。そのおかげでみんなは少しほっとして、また食事を続けることができたのである。

こういうことがしょっちゅうだった。父は「意識の遅れた」家族をかかえて、家の中でも孤軍奮闘していた。旧約聖書に出てくるユダヤの族長のように、彼は孤独だった。乳と蜜の流れる約束の土地を、大家族のうちの誰一人として本心では信じていない。そういう連中をひっぱって、とにもかくにも砂漠を横断していく旅だけは続けなくてはならない。父親も何度か、ローザさんの父親のように家を出て、同じ理想をもった人たちとつくる農業共同体で生活をしたいという望みをいだいて、出発の準備までしたこともあったらしい。しかしそのたびに、大きな家を預けられた者の責任感が、その望みを挫いてきた。小さな体にあまりにも大きな荷物をしょい込んで、苦しんでいた。

宗教でもコミュニズムでもない道

事情をよく知らない人たちは、ただコミュニストであるというだけの理由で、その人のことを過激な発言や行動を好む、危険な人物だとみなす傾向がある。しかし、幼い頃から細胞会議や農地委員会などに連れていかれて、その場に集まった人たちのパーソナリティを詳しく観察していた私に言わせてもらえば、そこには大きく分けてふたつのタイプの「コミュニスト」がいたように思う。

ひとつはあきらかに知的にも情緒的にもバランスを欠いたところのある「過激な人々」である。このタイプの人たちは、知的にはたいへんに優れたところをもっていたが、心の深層構造において荒れ狂うバランスを失った思考のために、しばしば思いやりや憐憫を欠いた過激な発言や行動をとる傾向が強い。会議などで主導権を握るのは、弁舌もさわやかな彼らである。無口な農民や労働者などは、たとえ彼ら指導部の語っていることが現実性をもたない過激な観念論にすぎないことがわかっていても、じっと黙ってそういう人たちの意見を聞いているしかなかった。

ところがそこにはもうひとつ別のタイプのコミュニストがいて、この人々はどちらかと言うと、大昔に地方に橋を架けたり難病の人々を救う社会事業に打ち込んでいた、「聖《ひじり》」とか「菩薩」とか呼ばれていた社会運動家タイプの人々で、内面の深いところに調和の感覚が保たれていて、その深い調和の部分で働いている思考が、現実社会の矛盾や不公平に触れたときに、激しい憤りや悲しみをほとばしらせて、社会変革をめざす運動に身を投じていくようになる。このタイプの人々は、いっしょにいるととても豊かな気持ちになってくるような人格の持ち主が多かったが、「党」の活動の中では、どうしても第一のタイプの知的に優秀な人々の発言力に、押され気味になってしまう。そこで、コミュニストと言えば頭はいいけれども怖い人々という偏見が、広まっていってしまうことになるのだ。

父親などは、あきらかにこのうちの第二のタイプに属するコミュニストだった。彼は民俗学の知見とコミュニズムの運動は両立する、と夢のようなことを考えていた。民俗学は人間がまだ自然との調和のとれた関係を保ち続けることのできた時代の、ものの考え方や感じ方を復元して研究する学問であると信じていた。そこへ権力というものが出現して、人間と自然との調和のとれた関係に致命的な損傷を加えるのである。コミュニズムはそれを正して、人間の心と社会にふたたびバランスのとれた豊かな調和を取り戻そうとする、国際的な民衆の運動である。そうであるならば、民俗学の知見はコミュニズムの実現にとって、不可欠の重要性をもつことになるだろう。父親の考えでは、伝統的な叡智と革命とは矛盾しないはずのものなのであった。「ナカザワさんはどうして宗教学などに興味をもつようになったの」。ぼぉっとして考え事にふけっていた私に、突然ローザさんが問いかけてきた。

「ぼくもあなたと同じように『コミュニストの子供』として育ったんだ。その体験が微妙に影響しているかもね。世の中の大半の人たちとは違うことを考えていて、今あるのとは別の社会がつくられなければならないと信じて、偏見にもめげないで闘う人たちの心の内面を、ぼくたちはよく知っている。そしてそういう心の持ち主たちに、共感さえいだいてきたんじゃないかな。人間の自由ということについて、あの人たちはそれほど間違った考えをいだいていなかった。むしろ心の源泉では正しいことを考えていたのではないかなあ。人間の心には無限の自由が宿っている。それに気がついた人は、どうしたって世間に抗《あらが》うような生き方しかできないんじゃないかしらって思う。そういうものの原型が、宗教の中にあるのかもしれないって考えてきたのです」

「わかるわ。でも宗教は無限の自由を約束しながら、神とか絶対的真理の中にそれを閉じ込めて、身動きできなくしてしまうものじゃないかしら」

「そうだねえ。ぼくの考えでは、コミュニズムは宗教も含めて無限の可能性をもつ人間的自由を封じ込めてしまういっさいのもの、もちろん、その代表は宗教なんだけどね、そういうものへの闘いとして生み出されながら、またたくまに自由を拘束するための怪物的機構に変貌してしまった。でもそれであきらめないところが、『コミュニストの子供』というものでしょう。宗教でもコミュニズムでもない、別の道がかならず存在するはずだという信念を、ぼくはまだ捨てていないんですよ」

「あらあら、ナカザワさんも私もやっぱり『コミュニストの子供』ねえ。じつは私もまだあきらめてはいないの。でもね、現実の社会ではぜったいに幸せにはなれないってのが、私たちの運命なのよ」

ローザさんとこんな話をしながら、私はすでに亡くなっていた父のことではなく、むしろ網野さんのことを思っていた。その頃はまだ元気に活躍をしていた叔父は、転向なしの純粋なコミュニストを貫きとおした。しかし転向なしでやってきた一徹なコミュニストたちの多くのように、それで思考停止に陥ってしまうのではなかった。網野さんは歴史家として、マルクス主義の描き出してきたものが、コミュニズムの最終形態だなどとは考えていなかった。そして、

「宗教でもコミュニズムでもない別の道」というものが、すでに描き出されてきたもののさらに先にあることを信じて、今日の管理的社会を無意識のままに生きている歴史学者の大半が信じ込まされている「常識」に抗いながら、学問の闘いを続けていた。その姿があまりにも孤独に感じられたからである。

愛すべき「光の君」

「網野さんはねえ、北園高校の生徒たちから『光の君』って呼ばれているのよ」。夏休みに網野さんといっしょに山梨の実家に戻ってきた真知子叔母が、冗談めかして言った。

みんなは「まさか！」と思った。網野さんが「光の君」ねえ。いったいその心は？

「網野さんはいつも同じ背広を着ているでしょう。その背広の袖とか腰のあたりがピカピカに光ってるから、『光の君』って誰かが言い出したんだって」

それを聞いた私たちはどっと笑ったが、祖母だけは渋い顔をしていた。

「真知子はそんなこと言われて喜んでちゃだめじゃん。恥ずかしいと思えし。自分の旦那がピカピカに光る背広を着ているなんて、人に言わせちゃあだめずら」

叔母は叱られてしょげてしまったが、祖母はあいかわらずつまらない見栄ばかりはっているなあ、と私はあきれていた。網野さんが一年中ほとんどいつも同じ背広を着て（冬になると、その同じ背広の上に鼠色の地味なコートが羽織られるようになるだけである)、どこへ行くにもよれよれになった黒いかばんにたくさんの本を入れて持ち歩いている姿を、私はとても好きだったのだ。たしかに言われてみれば、その背広は「光の君」と呼ばれてもおかしくないほどに、袖や腰のあたりがテラテラに光っていた。それにしても、なんとセンスのいい高校生たちではないだろうか。私はそのとき田舎の中学生だったが、さすが東京の高校生は違うなあと、変な感心の仕方をしていたのだった。

叔母の話では、都立北園高校というのはそんなにエリート校というのではないのだけれど、そのかわりというか、そのためにかえってというか、何人ものとても優秀な生徒がいて、先生顔負けの鋭い議論をふっかけてくるのだという。「けっこうやり込められているのよ」と、叔母がいたずらっぽい顔で網野さんのほうを見上げた。

「いや、そうなんですよ。奴らはすでにあの難しい『経哲手稿』や『精神現象学』なんかをすらすらと読んでいて、授業中にこっちに難しい質問をするのを楽しみにしているんです。それが楽しみで登校してくるような連中です。このあいだもそうでした。鎌倉幕府の話をしていたとき、ぼくは何気なく、東国に権力を築いた源頼朝も、天皇という存在には手を加えようとはしなかった、ずっとあとの織田信長でさえ、天皇制を消滅させてしまえる立場にあったにもかかわらず、天皇という存在を利用するという方向を選んだ、と話したんです。すると一人の生徒が手を挙げて質問してきました。いつもぼくを手こずらせる質問をしてくる生徒の一人でした。いやな予感がしたんですがね。その子はこう言いました。先生はそこでなぜ日本人は天皇制を消滅させることができなかったのか、という本質論を説明すべきではないですか。先生の説明は現象論の域を出ていない。それでは結局のところ、武士権力も日本《やまと》魂《だましい》を護持するため天皇の権威を尊重したのである、という皇国史観と変わりがないのではないですか、とこうくるのですよ。これには参りました。それからずいぶん反省させられました。今の歴史学が説いているように、天皇制がただの封建的な抑圧機構であるとすると、武士権力はそれを消滅させて、別のものに置き換えることもできたはずです。ところが、そうしなかった、いやできなかった。いったいそれはなぜなのか。歴史学者の誰一人として、この高校生の質問に満足に答えられないのではないかと思います。ぼくは生徒たちから、ほんとうにいろいろ教えられることが多いのですよ」

「光の君」は生徒たちに愛されていたのである。自分たちがぶっつける難問を、真っ正面から受け止めて、必死でそれに解答を与えようとする態度が、彼らにはめずらしく信頼のできる教師だという、ほんものの信頼感を与えていたのだと思う。このときの質問、すなわち、なぜ日本人は天皇制を消滅させることがなかったのかという疑問は、それからも網野さんの研究について回る、巨大な設問となっていった。

このとき網野さんの話を聞いていた父親が、つぎのように語ったのを、私はよく覚えている。私を以前叱りつけたときと大違いの、屈折した思考ぶりを見せていたからである。

「学生たちはいいところを突いてくるなあ。俺たちのうちの誰も納得のいく答えを与えられないでいる問題が、それだものなあ。羽仁五郎たちなどは、そんなものは簡単になくしてしまうことができて、すぐにでも天皇なしの人民国家をつくることができるなんて言っているが、そんなのは大嘘だと俺は思う。日本人がそんなことを易々と許すはずがない。そしてそれは日本人の愚かさを示しているのかというと、そうとも言い切れないところがある。網野君はぼくらの父親の簗一が書き残した『神・人・動物』という本を読んだことがあるかい」

「ええ、真知子のもっていた本で読みました。とても大胆な問題設定を立てているのに驚きました。しかし、学者仲間からも世間からもあんまりに反響がないので、がっかりなさってしまったそうですね」

「そうなんだよ。父さんはそれで気落ちして、病気になってしまったとも言えるなあ。あの本の中で父さんが、日本という国家をつくりあげている共同体の原理と天皇制の原理とは同じだと書いているだろう。それについては護人たちとも何度も議論し合ったけれども、納得のいく結論は出なかった。護人の言うには、農村共同体としてつくられている日本の社会の構成原理と天皇制とは、はっきり分離ができるもので、父さんは表面上の類似にだまされて、そのふたつをひとつに結びつけてしまったために、天皇制について間違った結論にたどり着いてしまったというんだ。農村共同体を土台にしている日本の社会は、クロポトキンの言うような『相互扶助』という生物学的原理にもとづいてつくられている。欧米社会のような弱肉強食の競争原理ではなく、強い者が弱い者をいたわりながら、たがいに助け合ってひとつの共同体をつくっている。父さんの考えでは、そういう日本の『国体』のあり方を支えているのが、天皇制だということになる。『国体』と天皇制は分離できない、という考えに立ったわけだ。護人はいやそうではなくて、そのふたつをはっきりと分離しなくてはならないし、分離できると考えているようだ。さっきの高校生の質問が、ここにからんでくる。分離できるというのがたとえ理論的には正しいとしても、どうしてそれができなかったのか、そして今もできないでいるのか、というわけだなあ。このあたりの問題はとても複雑で、一筋縄では行かないだろうという気がするよ」

国体とCountry's Being

その本ならば、私も読んだことがあった。お蔵の隅に売れ残ったたくさんの『神・人・動物』が積まれていて、その一冊を手に取って読んでみたのだ。その近くには英文と日本文で書かれた『我国体の生物学的基礎』という短い論文の抜き刷りみたいなものも、うずたかく積まれていた。

読んでみると、そこにはなかなか面白い思想が書かれていた。祖父は熱心なキリスト教徒だった。しかし、日本人がいきなり、キリスト教の説いている普遍的な神に飛びついていくのはよろしくないと考える、異端的なクリスチャンでもあったようだ。生物学者として祖父は、人間がいきなり個体として絶対的な神と向き合うのは、生物としての良識的な土台を壊してしまう危険な行為だと、考えていたふしがある。人間は個体である前に、まず集団の一員として集団の中に生まれ出る。そして、その集団は民族や言語の共同性を通じて、種的な共同体を形成している。その共同体は多くの生物種の社会で見られるのと同じように、相互扶助的な原理でなりたっている。つまり、共同体は公平さと無私の奉仕の精神を維持し続けてきたのである。

その精神的ないし霊的原理を、祖父は「国体」と呼んだ。この国体のレベルでの、人倫の高さが維持されていないかぎり、超越的な一神教の神への信仰は、たんなる近代的な個人主義の一形態として、日本人の生活にはそのまま幸福をもたらさないだろう。日本人が発達させなければならないキリスト教の精神とは、「大和魂」という日本的霊性の土台の上に立って、単独者である信仰者と絶対の神との関係を見出そうとする、全体性の思考が生かされているのでなければならない。したがってそれは、天皇制にもとづく国体と合致する。いや、日本の国体はそもそも全体的繁栄という生命進化の目的にもっとも近い社会形態だと考えることができる。

生物学者であった中澤毅一。慈恵医科大学の研究室にて。

静岡の由比蒲原に建てられた私設の「駿河湾水産生物研究所」の全景。サクラエビ不漁の原因調査を蒲原の漁民たちに依頼された祖父は、原因が製紙工場の排出するパルプ溶液によってサクラエビの殻をつくるカルシウム合成過程が破壊されているためであることをつきとめた。この研究成果を旗印にして、駿河湾漁民の大規模な反公害闘争が開始された。その闘争は漁民側に勝利をもたらし、駿河湾におけるサクラエビ漁の復活につながっていった。家の中だけではあったが、このささやかな英雄伝説はいつまでも生き生きと語りつがれていった。

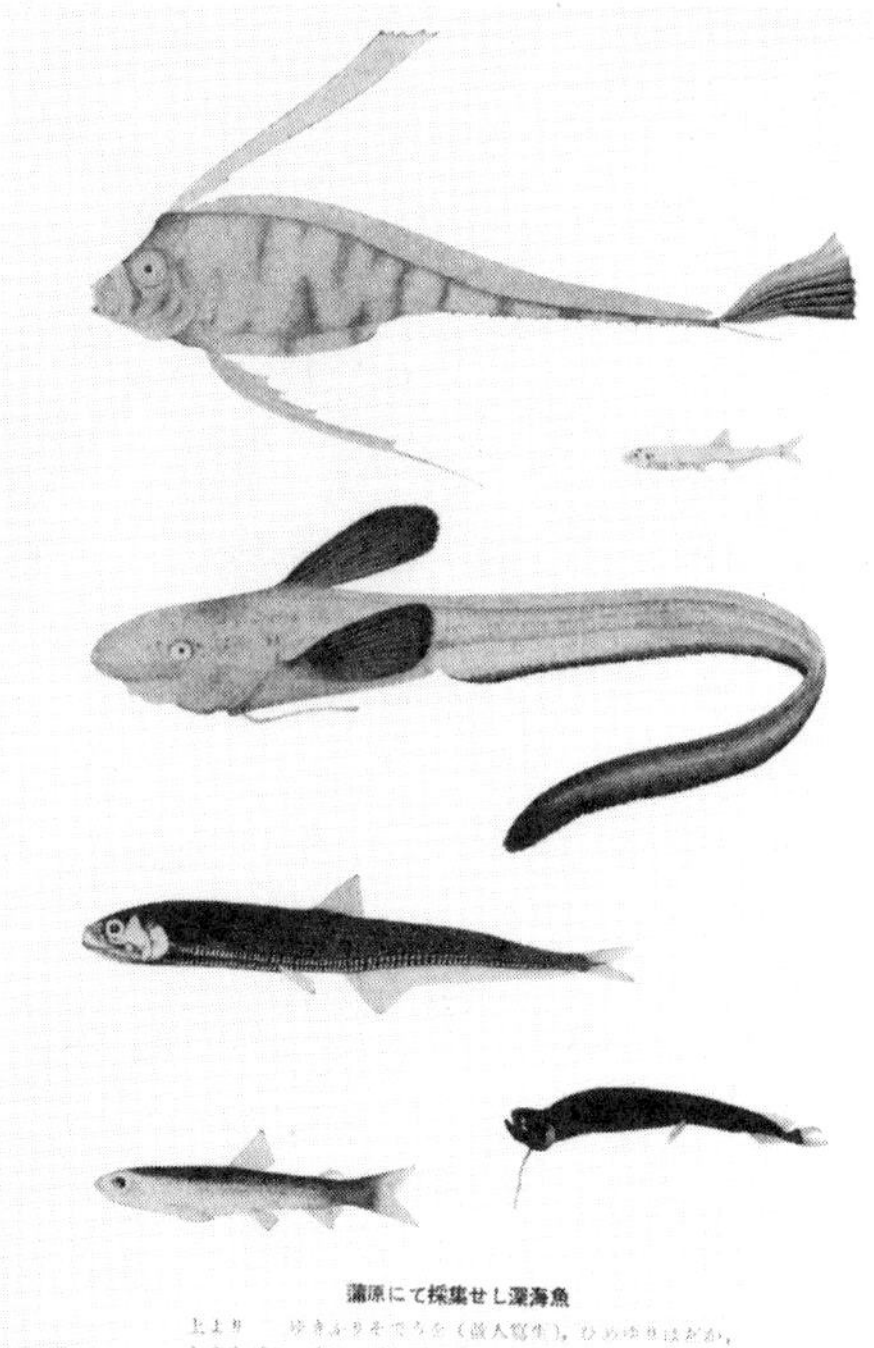

生物学標本の多くは、絵のうまかった中沢厚が描いた。

少なくとも、競争原理を前面に押し出してきた欧米型の社会にはない、生物学的合理性をもっている。と、だいたいそんなふうな思想が、展開されているように、私は理解した(興味深いことに、祖父の思想に興味をもった荒俣宏の書いた「大和魂を科學した男」〈『大東亞科學綺譚』所収筑摩書房　一九九一年〉という文章にも、私のものと同じような理解が書かれている)。

私は高校生になった頃、英語に訳された『我国体の生物学的基礎』を読んでいて、奇妙なことに気がついた。この論文は日米関係が緊迫の度を深めていた昭和十四(一九三九)年に、「我国体の本義を海外に宣明するために、其道の学者の論文を蒐めて、英文パンフレットを編集」するという企画を立てた、大学教授連盟の求めに応じて書かれている。英訳の労をとったのは、立教大学の同僚であった英文学の根岸博士である。もちろん生物学の専門用語も含めて、訳語の選択や表現などについて、祖父の協力は翻訳作業には不可欠であったと推測される。

私が奇妙だと思ったのは、「国体」の訳語である。この言葉は「国家形態」という意味であるから、現在の辞書でもふつうは the structure of a state ないしは the national polity と訳されることが多い。ところがこの論文の英文タイトルは The Biological Basis of Our Country's Existence であり、本文中にあらわれる「国体」の語はことごとく Country's Being となっているのだ。Country's Existence や Country's Being には、「天皇を頂点とする日本独自の国家形態」というような政治的な意味合いは、極端に薄められている。これを海外向けの偽装と見るか、あるいは田中智学の精神化された国体論などからの影響と見るか、はたまたクリスチャンであったはずの根岸博士のひそかな抵抗によるものであったと見るかは、定かではない。しかし「国体」という言葉が当時の日本国内に住む人々にたいして発揮していた、政治権力的なコノーテーションを知らない外国人や現代日本人などが、この文章を読むと、そこに表現されている思想に、意外と現代的なエコロジー的政治思想を読み取る可能性なども、なきにしもあらずである。

たとえば、つぎのような日本語原文とそれにたいする英語訳、さらにその英語を当時の政治状況についてまるで無知な現代の若者などが翻訳してみたら、こうなるのではないかという私訳とを並べて表記してみることにしよう。

人間は超自然の神に奉仕する前に、まず民族団体を永遠の繁栄に導くことを理想とする伝統の精神国家すなわち国体に奉仕しなければならぬ。かくして日本国民の生活道は生命体の存在目的と合致して、生活は公平無私であり、天道と人道あるいは自然と人為を融合する道であり、これをわれわれ日本人に言わせるとじつに神慮にもとづいており、日本人の歩むべき大道である……私は繰返して言う、我が日本精神はこれを維持する国民があるから維持継続されるので、超然としてこの国土に漂う超然たる神霊ではないのである。（『我国体の生物学

的基礎』「学士会月報」第六二〇号）

Before man serves Kami who is transcendental to Nature, he must serve the traditional psychic state or our Country's Being, whose ideal it is to lead the racial group to eternal prosperity. Thus, the way of our people's living being in accord with the object of organic existence, is just and unselfish ; it is the way in which Divinity and Humanity, or Nature and artificiality (man's work) harmonizes……Let me emphatically repeat here that the spirit of Japan is maintained because there are people who maintain it ; it is not the so-called transcendental spirit which simply hovers over this land of ours. ("The Biological Basis of Our Country's Existence")

この英文を歴史にまるっきり無知な、現代の大学生なんかが訳すとしたら、（たぶん）こうなる。

人は自然から超越している神に奉仕する前に、まず伝統的な国の心意すなわち「国の本性(Country's Being)」に仕えなければならない。この「国の本性」は民族的な集団を永遠の繁栄に導くことを理想としている。したがって、日本国民の生活の仕方は、有機体の目的とするところと合致している。私たちの生活は公正で無私であることをめざしている。そこでは神性と人間性が調和し、自然と（人間の制作した）人工物とが調和していることがめざされている……私はくりかえして強調したい。日本の霊性はそれを維持しようという人民がいるから維持されるものであって、私たちの国土の上をさまよっているだけの超越的な霊性などではない。

Country's Existence という言葉からは、「国体」という言葉で強い意味を発揮している「体」という意味素が除去されている。「体」はハイデッガー風に言えば、しっかりした構造をもって立ち上げられたもの、すなわち組み立てられたもの、体系などの意味をもっている。ところがこれが Country's Being になると、国家の構造を意志的に立ち上がらせるという主体的・男性的な意味合いが奥に引っ込んで、日本の国土に充満している本性ないし霊性（spirit）というような、受動的・女性的な意味合いに変貌していくのである。すると「我国体の生物学的基礎」は「日本的霊性の生物学的基礎」などという意味に、ぐっと近づいていくことになる。このように、中澤毅一の書いた論文の日本語原文と英語版とのあいだには、とても興味深い違和が存在している。

私はこのささやかな「発見」に気をよくして、その年の夏休みに少しゆっくりと田舎で過ごすために山梨にやってきた網野さんの前で、その「発見」を披露した。昨年の葡萄酒はとりわけ出来がいいと、自慢げに自作の密造酒を運んできた父親も、その話の輪に加わった。少し酔った私は、思想とそれを語る言葉とがいつも調和的に結びつくことができるとはかぎらない、という自説を述べた。

「いったいどちらがおじいさんの本意であったんでしょうね。この論文を書いていたときのおじいさんの頭の中では、こんなことがおこっていたんじゃないかなあ。欧米のように競争原理によらないで、弱い者も切り捨てずに人々がおたがいを扶助し合う共同体原理によってつくられた日本の社会、というイメージを思い浮かべていたときには、英語でCountry's Beingって表現するのが最適だと思える、クロポトキン的なイメージがすっと浮かんでいた。それなのに、そのイメージを当時通用していた日本語で言いあらわすためには『国体』という表現をつかわなくてはならなかった。しかしその言葉をつかったとたんに、毅一さんの意図を越えて、たちまちその言葉は国家主義的な意味の磁力圏につかまってしまって、もうそこから逃げ出すことができなくなってしまったんじゃない。『国体』という言葉からは、その言葉に到達する以前のイメージの中にあったはずの相互扶助社会のイメージは、どうしても浮上してこられない。おじいさんはそういう言葉の魔力にひっかかって、皇国史観の生物学者にされてしまったんだ

夏休みのスナップ。大嶽山那賀都神社（山梨県東山梨郡三富村）にいっしょに出かけた、真知子叔母、いとこの房子ちゃん、網野さん。

な。そうして、自分の意図が伝わらないことに苦しんだあげく、生命まで短くしてしまった。戦前の日本語で表現することに失敗してしまった思想が、期せずしてそれを英語にしたものの中に生き残った、とこれがぼくの夏休みの発見です」

この話に、網野さんも父も大いに関心を示した様子だった。

父親の考えはこうだった。日本の Country's Being の基礎をつくったのは、この列島に人が住みはじめてから一万年以上もの時間をかけて発達してきた、縄文時代の文化だったのではないか。その頃は狩猟をして生活をしていたが、この狩猟時代にこそクロポトキンが『相互扶助論』で描いているような、助け合いといたわり合いの精神にみちた相互扶助の共同体がつくられてきたのである。大陸や半島から稲作を携えて渡ってきた人々も、そういう縄文的な Country's Being の基礎の上に、農業的な社会をつくり出そうとしてきた。だからそこには相互扶助的な精神が生き残ることになった。権力者たちは交代していっても、村の生活の秩序は、あいかわらずそういう精神をもった人間関係によって保たれていた。権力の機構や経済の仕組みは変化していっても、その部分はなかなか壊されなかった。ここから、日本の Country's Being は万古不易で変化をおこさない、という考えも生まれることになったわけだ。

天皇制はそういう Country's Being の上に乗っかる形での支配をおこなってきた。柳田國男が考えているように、村人と鎮守の神との関係は、人民と天皇の関係と相同になるようにできている。だから天皇の人民支配は、ごく自然なものであると感じ取られてきた。「日本」という幻想のCountry's Beingの頂点に、鎮守の神の神主の親玉にあたる天皇がすえられている。だから全体が矛盾のない、ひとつの原理で統一されているひとつの国家、それが日本であるという幻想が生まれやすかった。そこから日本の「国体」という幻想はつくりあげられた。

父さん（中澤毅一）は、そこを見誤ったんだ。「国体」の中から、自然に天皇制が発生してきたわけではない。縄文時代以来のCountry's Beingという厚い土壌の上に、天皇制は根を下ろした植物にすぎない。一見するとその根はどこまでも深く土壌に食い込んでいて、もはやCountry's Beingと一体であるかのように見える。ところが、違うんだ。その根は意外に浅い部分にしか達していない。その事実を隠蔽するために、さまざまな神話が動員されてきた。民俗学という学問は、その神話を補強するためではなく、神話の根が浅いことを示すために用いられなくてはならない。そして、天皇とCountry's Beingとを分離して、新しい相互扶助原理としてよみがえった「国体＝Country's Being」の原理を、人民が自らのものとして取り戻す、そこに日本人の解放への道がある……父は私が紹介した「国体」の柔らかい英訳であるCountry's Beingという言い方が、いたくお気に入りの様子だった。

この話を聞いていた網野さんは、じつに愉快そうだった。そういうときには大きな目がいっそう大きく輝くのである。

「天皇がそのCountry's Beingという土に根を下ろすやり方が、またじつに独特だったんですよ。天皇はいろんな顔をもっていますからね。律令制を支える官僚組織のトップに立っているのも天皇ですし、穀物霊をお祀りする神主のトップに立つのも天皇です。とくに日本は稲束の数で租税を徴収していましたから、その稲の霊を祀る最高の宗教者という資格で、日本全国を支配する存在であるということを、アピールすることもできたっちゅうわけです。そういう場合のCountryと言ったら、これはもう水田の国、稲穂もたわわな瑞穂の国、という意味をもつことになるでしょうね」

「そこだよ、網野君。甲州のようなところは、その言い方だと瑞穂の国に入らないってことにならないか。戦争の前は盆地から山間にかけて、ここではどこにいっても桑が植えられていて、水田はわずかしかなかった。あとはパサパサした畑で、そこで雑穀をつくって、百姓はみんなホウトウを食っていた。戦争中に一時そういう畑に水を引いて、水田がぐっと増えた。これは国策によるものだったから、戦争がすむと水田ブームはたちまち去って、そこはだんだんと果樹園に切り替えられていった。今じゃあ、どこへ行っても桃や葡萄が栽培されている。あんまり水田や稲に執着していないんだなあ、このあたりの人は。だから、ヤクザとか甲州商人なんかが生まれるんだろうねえ」

「まったくおっしゃるとおり。農民のつくっていた作物は、じつに多彩だったってことが、だんだんあきらかになりつつあります。われわれは昔から毎日ホウトウばっかり食べていました。雑穀を野菜といっしょに土器で煮た縄文時代の常食に、味噌を入れるだけで、今のホウトウができます。米は食べるためにではなく、租税を納めるためにつくっていただけなんです。それに宴会などのハレの食事を見てみると、今だってサシミとか焼き魚が中心で、米の飯なんかは食べないのがほんとうでしょう。日本人は米を食べるのが好きだというのは、ひとつの神話ですね。ですからさっきの話に戻れば、農業的でない日本というもうひとつのCountry's Beingがあって、天皇はそこをもみごとに支配していたんです。これを『非農業』と呼ぶ歴史家もいます。ヤクザや商人はその代表です」

この話を聞くのは、それがはじめてだったので、私も父も大いに関心をもって、網野さんの話に耳を傾けた。

「つまり、縠一さんの言うCountry's Beingというのは一枚板ではなくて、どうもふたつのものでできていたように思うのです。農業と非農業というふたつの要素があって、天皇はその両方をうまく支配していた。しかも、ぼくの見るところ、それぞれの支配のやり方が根本的な違いをもっているようなんです。ぼくにもまだうまくその違いを表現できないんですが、そこに天皇制という独特な権力の秘密がひそんでいると、ぼくはにらんでいるのですよ」

父がたずねた。

「その非農業というのは、狩猟をしていた連中の末裔ということかい」

「一概には言えませんが、そういう人たちの末裔が含まれていたことはたしかです。山の民とか川の民と呼ばれていた人たちもその仲間ですし、海民なども非農業の典型です。また中世に諸職の民と呼ばれた職人も、非農業民に入ります。彼らは土地をもっていません。そのかわり山や川や海で、農民がつきあっている自然よりも、もっと荒々しい自然とわたり合っているのですね。天皇はこういう連中からは、稲籾の形で租税を取るのではなく、山や川や海で採れる産物を、神様にたいするお供え物の形で、直接納めさせていました。ですから、天皇と非農業民とのかかわりはダイレクトなもので、あいだにいろいろな租税徴収請負人が立つ形で、間接的に天皇につながっていた農民とは、まったく違う感触をもって、天皇と関係していたんですね。そのために自分たちは百姓たちとは違う、天皇と直接つながっているんだという考え方が、この連中には強かったみたいですよ」

「すると、網野君はこう言いたいわけか。農民は保守的な心情で天皇とつながっているけれども、非農業民はもっとなんというか、生な、右翼的心情で結び合っている、と。網野君の言うとおりだとすると、今までこんがらがってよくわからなかった日本人の天皇制への心情というのが、きれいに解きほぐされていくかもしれないなあ」

網野さんは、ひさびさに自分の考えを深いところまで理解してくれる人があらわれてくれたことに、浮き浮きしていた。

「なかなか兄さんみたいにぼくの話をわかってくれる人は少ないんですよ。非農業民なんていったって、日本の人口の大半を構成していたのは農民なのだから、そんな連中の歴史などは傍流的な、エピソード的な意味しかもたないだろう、というのが、歴史学者の大勢の考え方なんです。それに非農業民は自分たちが天皇と直接につながっているということを示す文書をもっているのですが、これがみんな偽物の偽文書というやつなんです。偽文書に価値を認める先見の明をもっていた、中村直勝みたいな歴史家も戦前はいたんですが、唯物史観の影響の強い現在では、かえって非農業民の偽文書なぞは、ずいぶん評判が悪いですねえ」

「網野君は、悪党とか偽文書をもった非農業民とか、あぶなそうな人たちのことばっかりが気になるんだね」。にこにこしながら父が言った。すると網野さんは、これは心外といった表情で、こう反論するのだった。

「いや、それは兄さんの影響もあるかもしれませんよ。兄さんはマルクスのザスーリッチへの手紙から、農業的な日本という地層の表面をめくってみると、原始・未開の人類的な普遍があらわれてくる、その野性的な普遍の中から未来の社会形態を取り出してくるのがコミュニズムの思想なのだ、とおっしゃったでしょう。ぼくはあれは、じつに正しい考え方だと思っています。ぼくはその考えを、歴史学の中で立証しようとして悪党の研究なんかをしているわけです」

「しかしそうなると、天皇制の大地に下ろしている根は、思いのほか深いということにならないかい」

「そのとおりです。日本の農業がもっと解体してくるようになると、天皇制を支えていた保守主義の部分は、ぐずぐずになってくるでしょうね。でも非農業民的なものは技術や商業に姿を変えて、むしろますます発達をとげつつあるわけですから、どんな形をとることになるのか、まだ予測もつきません。今熱烈に天皇制を支持しているのは右翼ですが、この右翼という勢力の出身土壌も、この非農業民の世界なんですよ。だから、まったく兄さんがおっしゃってるように、天皇制から日本人が解放されるのは、そんなにたやすい話ではないんだと思いますよ」

このときの網野さんと父の会話は、私には忘れることのできないものとなった。網野さんは日本の歴史の中に、自然と直接的にわたり合いながら活動する、野性あふれる非農業的な精神の存在を掘りあてようとしていたのである。そして、天皇はそうした人々を、神と人をつなぐ宗教的な回路を通じて支配していた。その人々の世界は農業的日本よりも、もっと深い人類的な地層にまでつながっており、しかもその人々の世界の中から日本型の資本主義もユニークな技術も生まれ出てきた。その世界のもつ潜在力の前では、農本主義も保守主義もほとんど無力であろう。どこかへひきかえすことなどは、不可能なのである。

私は自分がどんな場所に足をすえて、ものごとを考え抜いていかなければならないかを、その夏の夜に知った。私は網野さんの思考にうながされながら、「コミュニストの子供」らしく、思考はつねに前方に向かって楽天的に開かれていなければならないことを、悟ったのであった。

魔術王後醍醐

私がネパールへ出かけてチベット人の伝えている密教をひととおり学んで戻ってくると、網野さんはたいへんに面白がって、その頃の会話はもっぱら密教のことに集中した。一九八三年か八四年の頃である。

その頃、網野さんは新しい後醍醐天皇論を構想しはじめていた。後醍醐天皇と南北朝の争乱にたいして、網野さんが深い関心を寄せているのは、以前から気がついていた。処女作にあたる『中世荘園の様相』に、すでにそれをうかがうことができる。福井県にある古い荘園太良荘の歴史を扱ったこの本には、「悪党」と呼ばれる存在がきわめて印象的な登場をとげている。鎌倉時代の末期から、飛礫を飛ばしたり、およそ武士らしくない奇襲作戦を仕掛けては、鎌倉幕府の補任した地頭や寺社の勢力と戦った、この悪党たちの活動が活発化して、しだいに既成の権力を真剣におびやかしはじめていた。そしてついには中世最後の時期に、後醍醐天皇はこれらの悪党の勢力を精力的に組織することによって、北条得宗《とくそう》政権を倒壊させてしまったのである。この悪党の素性に網野さんは、『中世荘園の様相』を書いていたきわめて早い時期から関心をもっていたのである。

この悪党が散所荘園の管理者や供御人や神人などの形をとおして、古代以来天皇に直属していた人々に関係があるらしいということは、すでに中村直勝など戦前の研究者によってもあきらかにされていたことである。その点、武装した悪党は、東日本を勢力基盤にして歴史に大きく浮上をとげた東国の武士たちとは、いささか素性を異としていたのである。東国の武士たちは、列島の王である天皇とは、稲籾で徴収される租税をとおして、間接的に結びつけられていただけである。ところが、供御人の系譜を引く悪党的な武士たちは、天皇とは「神―人」を直接に結びつける、古い宗教的思考によって、内面的に深くつながっていた人々なのだった。

つまり、後醍醐天皇が東国の権力を打倒するために総動員した勢力とは、網野さんの言う「非農業民」の系譜につながる人々であり、それは稲籾をなかだちにして間接的・媒介的に列島に支配権を確立した「穀物霊の王」としての天皇とは異質な、天皇のもつもうひとつの顔をまざまざと示している。それは自然の諸力となまなましい直接的な接触と結びつきをもちながら、古代以来の誇り高い伝統を生きていた人々である。その人々は、自然との直接的な接触を避けて、あいだにいろいろな人や組織を挿入することで、媒介的に自然の力を自分の内部に取り入れようとした、律令的な官僚組織の中で出世しようとしてきたふつうの人々とは、根本的な生き方の違いをもっていた。そのために、体制の中で出世をすることはできなかったし、そのせいで鎌倉末期の頃になるまでは、歴史の表面に浮上してくるケースも、ほとんどなかったのだった。そういう人々を後醍醐天皇は組織した。『蒙古襲来』に、すでにそのことがこんなふうに書かれている。

さまざまな方向からの「差別」が、この転換とともに生まれてきた。しかしそこで「差別」の対象になりはじめた人々と天皇とは、切り離しがたくむすびついていた。悪党・海賊の反撃が、天皇後醍醐によって組織されていったという事実そのものが、そのことを端的に物語っている。そして天皇がみずから軍事力を駆使して、現実的な政治権力を左右しえたのは、前近代では、後醍醐——南朝をもって最後とする。

網野さんは、現代にまで続く近代天皇制のはらむ問題点のすべてが、このとき悪党勢力を総動員した後醍醐天皇の戦いに帰因し、そこに深刻な根を下ろしているとにらんでいた。差別の問題のひとつの根源もそこにあるし、天皇そのものがいわば「祭式作法の職人」と化してくる近代の過程や、明治維新を経て一転政治の表面に復帰するや、ふたたび軍事力の統率者としての姿を剝き出しにし、敗戦とともに生物学をとおしてマイルドに自然との知的なかかわりを演出しはじめた昭和天皇のパフォーマンスにさえ、後醍醐天皇を中心とする南北朝動乱は大きな暗い影を落としている。南北朝の問題は、日本史のかかえるさまざまなアポリアを解く、ひとつの重要な鍵を握っているというのが、網野さんの深慮遠謀だった。

網野さんは『無縁・公界・楽』が読書界で大きな成功をおさめ、その反動で歴史学アカデミズムからの猛烈な反発を受けたあとに、ひるむどころか、前よりも激しい闘志を燃やして、前々から温めてきたこの問題に、真っ正面から立ち向かおうとした。人から批判されると、その批判の何倍もの強力な批判を返していくというのが、負けん気の強い網野さんの癖で、その性格はときどき身近な者たちを辟易させることもあったが、歴史学者の中に無言のうなずき合いとして形づくられつつあった「反網野」のネットワークの存在を敏感に察知した網野さんが、そこで前よりもいっそう冒険的な方向に踏み出していこうとする姿を見ていて、私はなかなか感動的なものを感じていた。

現代の歴史学者にたいする批判的な気持ちを、名前を挙げたりしてあからさまに表現するということは、少なくとも私を相手にしているときはめったになかった。そのかわり、そういうときには、戦前の研究者の先賢の目の高さを、ほめたたえてみせるのである。私の反時代趣味をよく知っていたためなのか、網野さん自身の中にひそんでいる反時代性がそうさせたのかは、定かではない。しかし、網野さんは概して、同時代の歴史学者にたいして厳しい評価を下していたような気がする。

そのときもそうだった。現代人のおこなう南北朝史の理解には、(『日本の中世国家』における佐藤進一の研究などを唯一の例外として)大いに限界があるという話を聞かされたあと、ここを読んでごらんと言って手渡されたのは、中村直勝の著作だった。この人も戦後の一時期は、「皇国史観の歴史学者」の一人に加えられてしまうという不当な扱いを受けたが、実証的な研究では、皇国史観のアジテーターであった平泉澄などが太刀打ちできないほどの、高度な達成をなしとげていた研究者である。

網野さんが開いてくれたところには、楠木正成の素性についての中村先生の見解が披瀝されてあった。そこにはこうあった。俊乗坊重源が苦心を重ねて全国から喜捨を募って、とうとう再建にこぎつけた東大寺大仏殿の完成記念の式典に、大旦那をつとめた源頼朝が堂々たる武者行列を仕立てた。一一九五年のことである。そのときの記録が残っている。威風堂々たる武者たちの四十六番からなる行列が続いていった。その四十二番目に楠木四郎という武士の名前が登場してくるのである。楠木四郎は忍三郎、五郎の兄弟と四十二番目の一班をなしていた。ここから中村直勝はこう推理する。

私の子供の時の記憶によると、軍隊行軍の時に一隊の末尾近くには看護卒とか、伝令とか、雑役に従事するかに思われる兵士が並べてあった様である。四十六番の四十六番目は最後であって相当の兵が配置してあろうが、その少しまえ四十二番目の辺は、もっとも戦闘力の弱い軽卒がいるのではないか。そして、今ここに見ゆる楠木四郎の仲間「忍」とは、どうした兵卒なのか、気になる名前ではないか。恐らく後世の忍術に関係があるのではないか……四十六番の中の四十二番目、その辺はどうやら戦闘力というよりも戦闘術の所在する位置らしく思われるが、忍の者まで皆具した行軍が、この忍のいる辺こそは「力」でなく「術」のある所ではないだろうか……楠木四郎のこうした地位とその周囲――大和・和泉の人々と伍している、ということは、さらにさらに考えさされ《(原文ママ)》る問題が伏在する。それは山伏の駆使ということである。(中村直勝「随筆楠公」一九四三年『中村直勝著作集』第七巻)

思いもかけなかった議論に私はびっくりしてしまった。とくに「山伏の駆使」というところに、激しく反応した。私の反応のよさに、網野さんはご機嫌だった。

「なかなかすごいだろう。戦前には楠木正成は神格化されていたから、こんな大胆なことを言い出す人は誰もいなかったんだよ。中村直勝は楠木の先祖というのは、忍びの者のお仲間みたいな仕事をしていた、と言いたいわけさ。忍者の仲間でしかも山伏の駆使みたいなことをしていた『術』の者だと言っている。戦闘の職人というわけだな。忍術は悪党の得意とする技術の最たるものだし、非農業民の伝統の中から発達した武芸に間違いがない。となると、楠木一族がどういう人たちだったか、すぐにわかるだろう、と言ってるわけだ。伊賀忍者の先祖は服部と言って、例の服部半蔵の先祖だけども、この人たちは朝鮮半島から渡ってきた秦氏の流れだと言われている。忍兄弟がどういう人たちだったかは不明だけれど、これだけでも楠木正成を生んだ背景がはっきりわかる」

それだけではなかった。網野さんはやはり中村直勝の『吉野朝史』（一九二五年）という本の別の箇所を開いて、ここに注目と言った。それは後醍醐天皇勢が米経済の武士に対抗して、貨幣経済に依拠しようとしていたことをあきらかにしようとした文章で、そこには当時の貨幣がたんなる流通交換のための道具ではなく、むしろ魔術的な存在だったことが、こう書かれていた。

王朝以来の銭貨なるものは、一般交換の媒介物と言ったような、経済学的な意味のものではなくして、さらに高くさらに深き、ある一種の神秘力を有するものとして、宗教的な意味を付与して、その性質を高揚したものであった。たとえば地鎮祭の時にこれを土地に埋むことによりて、土地の神の心を和らげ、建築物の安泰を祈り得るとされた。あるいは他の珍宝秘器とともに地中に埋置して、弥勒出世の暁までを希うこともあった。こんにち多くの経塚から、埋経とともに幾多の銭貨が発見さるるのは、すなわちそれであった。(中村直勝『吉野朝史』)

「これは前に君がしゃべったことと、大いに関係のある話さ。君は貨幣と仮面の神が、深いところでつながっていると言ったろ。貨幣は交換の道具であるだけじゃなくて、原初的には魔術的存在だったと、中村直勝は書いている。非農業民というのは宗教や芸能にかかわるケースが多かったのだけれど、その非農業民の扱う技術というのも、どうも魔術的なものにかかわっていたんじゃないか、とぼくはにらんでいるわけだ。金属を扱う技術にもそういうところがあるし、海民のおこなう水中の『芸能』だって、魔術的だと言えないこともないだろう」

「遊女のおこなうお床の中の『芸能』も、魔術の一種と言えるよね」

「そうそう。それが貨幣についてもそうだとしたら、とても面白いことになってくる。マルクスが『資本論』でやっている貨幣の分析にも、ぼくはどうもそういうことをマルクスは嗅ぎ取っていたんじゃないかということを感じるなあ。このことを、宗教学者はどう考える」

「宗教と魔術を対立させて考えるとすると、宗教は人間の世界から超越した神のことを考えるけれども、魔術は半分人間で半分は非人間の結合した怪物みたいなものを考えるでしょう。マルクスは貨幣を、そういう怪物として描いているんじゃないかな。貨幣は今ではなに食わぬ顔をして、市民生活の中におとなしく入り込んでいるけれども、ほんとうは恐ろしい怪物なんだよ。魔術は生命に密着しているんです。でも、貨幣もそうだというのは、なかなか思いつくことではないね」

「そうだ。中村直勝の研究は、そのあたりのことをちゃんと理解しているんだね。後醍醐は貨幣の鋳造までしようとしていたらしい。彼はそうやって、ありとあらゆる魔術的な力をもつものを自分の権力に掌握しようとしていたんだ。米経済から貨幣経済への移行の過程というのを、中村直勝は単純な合理性の問題として片づけようとはしなかった。魔術的なものが、貨幣に姿を変えてよみがえっている。そして、それを後醍醐という最後の古代天皇は握ろうとしていた。楠木正成や名和長年のような、非農業民タイプの武力を自分の味方につけるのと、貨幣を自分が鋳造するのとは同じ意味をもっていると、彼は考えていたんじゃないかな」

「そこで密教というわけですね」

「君は勘がよい。文観という僧を知っているだろ」

天皇制と性の原理

私は軍記物の大ファンだから(これはひょっとすると網野さんの影響かもしれない。子供の頃にもらった『源平盛衰記』は、いつまでも私の愛読書だったし、『蒙古襲来』が書かれている頃には、『義経記』の斬新な読み方を教えてもらっていた）、とうぜん『太平記』は読んでいた。しかも網野さんの指示で、岡見正雄が校注した角川書店版の『太平記』を読むようにしていた。文観は後醍醐の寵愛を得て、一時期権勢をほしいままにして、のち没落していった人物だが、この僧を通じて、後醍醐の周辺にはたぶんに左道がかった密教がもち込まれて、これもまた、楠木一族の得意とする「戦闘術」と同じように、サイキックな「戦闘術」として実際に使用されていた形跡があるのだ。『太平記』は文観という僧をとんでもない破戒の僧として、こんなふうに描いている。

> 文観《もんかん》僧正の振る舞いを伝え聞くこそ不思議なれ。適《たまたま》いったん名利の境界を離れ、すでに三密瑜伽《ゆが》の道場に入給し甲斐もなく、ただ利欲名聞にのみ赴いて、さらに観念定坐の勤めを忘れたるに似たり。何の用ともなきに、財宝を倉に積み、貧窮《びんぐう》を扶《たす》けず、武具を傍らに集めて士卒を逞《たくま》しうす。

「最近の研究だと、後醍醐は文観をつかって、中宮禧子の安産祈願と称して、北条氏の呪詛をおこなっていたらしいんだ。文観にやらせただけじゃなくて、自分でも密教の法服をまとって、呪詛の瞑想をやっていたらしい。ところで、君に聞きたいのはだね、後醍醐天皇はそのときに聖天供奉法という密教の儀式をやっているんだが、これはセックスの神じゃないのかい。不思議なことに、文観は戒律にとくに厳しい真言律宗の僧だ。ところが文観の弟子たちの中からは、真言立川流の僧というのが出てくる。これもセックスの密教だろう。君はチベットでそういうことを勉強してきたんじゃないのかい。そういうことで、なにか知っていることはないかい」。これがそのときの網野さんの質問だった。

図星だった。私はチベット人のもとで密教の勉強をしているとき、その手のことに深い興味をいだいて、いろいろなことを聞きかじっていた。「聞きかじって」というのは、私のついた先生はセックスを修行の手段につかう流派には属していない人で、直接的にはその手の教えについての伝法は受けていないので、そういうことに詳しい友人をこしらえて、根ほり葉ほりいろいろなことを聞き出していたからである。

「そういうことを勉強に行ったわけじゃないけど、少しは知ってるよ。いろんなやり方があるけど、だいたい『ヘバジュラ・タントラ』というインドでつくられたお経がもとになっているね」

「ほお、実際にそういうことはおこなわれているの」

「今は数は減ったけど、セックス系の行者さんは今もいるし、教えの伝授なんかもきちんとした形でおこなわれているよ」

「で、そのお経は日本にも伝わっているのかい」

「それがちゃんと翻訳が伝わってるんですよ。宋代の翻訳ですけども、ちゃんと輸入された痕跡があるね。大正大蔵経にもちゃんと入ってるよ」

「ほお、真言立川流のやっていることは、そのお経にもとづいていると考えていいのかい」

「違うと思う。真言立川流の修行でやっていたことは、インドやチベットでおこなわれているそういう系統の修行とは、まったく違う系統のもののような気がする。『ヘバジュラ・タントラ』のちゃんとした伝授は、日本人にはなかった可能性が高いですね。だから真言立川流のは、山伏なんかが伝えていたなにかの教えと漢訳されたそういうお経に書いてあることなんかを合成して、日本人がつくりあげたものと考えていいんじゃないかしら」

立川流の修行では、セックスをした男女の体液を練り合わせて髑髏に塗り込むことが、修行の眼目になっている。ところが、インド・チベット系の教えにはそういう象徴的な儀式への関心は薄くて、体内の神経生理組織のコントロールによる「大楽」の発生ということのほうに、主題が設定されている。だから、私は真言立川流のやり方は、世界の根源を男性と女性の二原理の直接的な結合として思考しようとする傾向の強い、この列島で鎌倉時代に大いに発達をとげた山岳宗教の思想を、そちらの方向に発達させようとしたものと、考えたのだった。しかし、そういうことは今はどうでもいい。問題は後醍醐天皇がなぜセックスの宗教を自分の身近に引き寄せることで、権力奪取の強力な手段としようとしたか、である。

この話を聞いていて、私は網野さんが天皇権力の根源に、性的な原理を見出そうとしているのがわかった。吉本隆明も天皇制の構造の中に、あからさまな形での性的な原理を見出している。たしかに古代の天皇は、全国からありとあらゆる種類の「初物」の献上を求めていたが、美しい若い女性の「初物」の献上にほかならない「采女」の制度などは、その最たるもので、天皇はそうした女性の性をとおして、列島の自然力の直接的な支配をおこなっていたのである。網野さんは天皇制の性的な構造を、そういう比較的に目につきやすいレベルだけではなく、性的なものがもっと抽象的な形で表現されているものの中にも発見しようとしていた。「性的である」とは、自然と直接的な接触をしている活動すべての中に見出される。貨幣の中にさえ、性的な原理が働いている。だから貨幣は魔術的な力をもったのだ。網野さんは「性的であること」を自然哲学の基本原理にすえようとした、まことに稀有な歴史家だったのだ。

後醍醐天皇の思考にはある種の首尾一貫性がある、と網野さんは考えていた。ときに奇想天外な施策はけっしてその場の思いつきなどではなく、思考の深い層における一貫性が認められる。後醍醐は自然と直接的に結び合っているものの中に共通の原理を見出そうとする、特異な象徴思考の能力をもっていたのである。悪党と密教と貨幣のあいだに、本質的な同一性を見出して、実際にそれを力として利用しようとしていた。そして、それらを深層でつないでいるものこそが、古代以来の天皇制の重大な根源をなしているのだということを見出そうとしていたふしがある。後醍醐の政治的思考の背後には、ある種の自然哲学の思考が動いている。網野さんは後醍醐の駆使したこの自然哲学に、魅了されていたのではないかとさえ、私には感じられたほどだった。

コラボレーション

たしかに戦後の歴史学には、そういう思考の暗い、深い層におこっていることが見えていなかった。マルクスは『フランスの内乱』や『ルイ・ボナパルトのブリュメール十八日』などの作品で、歴史の表面におこる諸事件は、そのとき深層でおこっているリアルなものの運動が変換されてあらわれたものとして理解しなければならない、という立場で、新しい歴史解読の試みをおこなってみせている。ユニークな南北朝論である『異形の王権』(一九八六年)という本を構想しながら、網野さんはそのマルクスのしたことをなぞろうとしていた形跡がある。

マルクスの場合には、深層のリアルとは、物質的な生産過程の矛盾を意味していた。しかし、網野さんにとっての深層のリアルとは、人間の内部に活動する「自然」にほかならなかった。性的な身体というものが、そこでは大きな働きをすることになるだろう。あるいはひとつの巨大な「性的な身体」としてみなされた「自然」を、いかに自分のものとなし得るか、ということをめぐる闘いが、この国の政治的諸事件の深層で活動しているリアルであることをあきらかにしてみること。それが『異形の王権』という本での、網野さんの挑戦だったのだ、と私は考える。

そして網野さんの内部で展開していたこの思考の転位は、沖縄の研究から突如チベット密教の研究に転向していった私の内部でおこっていた、未発の思考の展開と、不思議に共鳴し合うものをもっていた。父親でさえ、チベットの宗教の研究に突然転身していった私の真意は、とうとう亡くなるまでほんとうには理解してくれなかった。ところが、網野さんにはそれが直観的にわかっていたように感じられた。

「どうして君は、チベットの宗教の研究などをはじめたんだい」などという、私がそれまでつきあっていた民俗学者や人類学者の友人たちからうるさいほどに受けた質問を、網野さんはいっさいしなかったのが印象的である。それどころか、いい時期に面白い勉強をはじめたものだね、と言いたそうな雰囲気さえ感じられた。このように私と網野さんの思考の動きには、不思議な共時性の現象が何度かおこっているのである。権力と自然の関係をめぐって、網野さんと私の共同作業をめざした対話が、こうして開始された。

網野さんはそれからまもなくして『異形の王権』を書き上げた。それを追いかける形で、私は『悪党的思考』という本を書いた。歴史資料の扱いに慣れていない私が、そんなにたいしたものをこの領域でものすることのできようはずもなかったが、網野さんは私の努力をことのほか喜んでくれて、ことあるごとに過分なお誉めをいただいた。照れくさいけれども、ちょっと紹介しておこう。これは一九八九年に明治大学でおこなわれた講演の記録からである。

ごく最近、中沢新一さんが『悪党的思考』（平凡社）という、たいへんユニークな本を出しております。彼は私の義理の甥なので、しばしば会って、あれこれ議論したことがあります。親戚ぼめになりますが、彼はたいへんしゃれた、うまいいい方のできる人で、なかなか本質的な表現で私がぼんやり考えていることをいってくれます。私のような細かい言葉や資料をごちゃごちゃ追いかけている鈍重な歴史家にはなかなかできないことをこの本でやってくれたと思います。（『海と列島の中世』講談社学術文庫）

五十年近くも前に二人のあいだにはじめて取り交わされた「冗談関係」は、とうとうひとつの主題を共同で考えるコラボレーションにまで成長をとげることができた。もちろん『異形の王権』によっても（ましてや『悪党的思考』によっても）、依然として天皇制の謎が解き明かされたわけではない。その意味では、網野さんは北園高校の先生をしていた頃に、早熟な生徒の一人から突きつけられた問いかけに、完全な答えを与えることはできなかったのかもしれない。しかしその問題を解くための、まったく新しい研究の方法が、網野さんによって発見されたことだけはたしかである。列島人民の形成してきたCountry's Beingの土壌に天皇制が下ろした根の深度を、正確に測定するたしかな方法を、網野さんは私たちに遺してくれた。天皇制との汗みどろの格闘をとおして、網野さんは未来の日本人に、強力な知性の武器を手渡してくれた。

異類異形の輩

『異形の王権』を構成することになる諸論文が書かれていた一九八四年の、あれはたしか春の頃だったと思う。網野さんからできあがったばかりだよと言って、『摺衣と婆娑羅』というタイトルの論文の抜き刷りを手渡された。そこには、中世末期の日本社会の表面に、異様な出で立ちをした魅力的な人々が、数多く浮上してきた有様が、生き生きと描かれていた。貴族や知識人たちは、こうした人々の所行やファッションを見て肝をつぶしてしまい、顔を覆った扇の骨のあいだからこっそり盗み見たり、本人がよほど頭にくることがあった場合などは、この連中に最大級の蔑称を投げつけたりした。「異類異形の輩」という言い方は、そのとき都の上品な人たちが、こうした連中に投げつけた言葉の汚物である。

網野さんはその論文で、この言葉の汚物をそれとはまったくの反対物である、清浄にして

「聖なるもの」に転換させてしまうという、冒険的な思考をくりひろげて見せていた。今日の警視庁・警察庁にあたる中世の検非違使庁では、犯罪人の取り調べや処刑などを「放免《ほうめん》」という特別な人々に任せていた。放免という名前から想像されるように、この人々はもともとが罪を犯して囚人となったあとに、計らいをもって放免になり、下級役人として検非違使庁につかわれていた。その頃の警察も今と同じように犯罪の世界の対立物ではなく、犯罪者の世界と微妙で両義的な関係を取り結んでいたわけである。

網野さんが注目したのは、この放免たちが処刑という「ハレの日」にまとっていた、目を奪う装束のことであった。法然上人の弟子安楽坊が京の六条河原で処刑される光景を描いた『法然上人絵伝』には、今まさに首を切り落とされ西方浄土に旅立とうとしている安楽坊の背後に構える、武士や検非違使庁の役人と並んで、異様な姿をした放免の姿が描かれている。

手には祇園祭の鉾を思わせる異様な形をした巨大な棒（網野さんのことであるから、それはすぐに男根の象徴である、ということになる）をもち、タリバン兵のような髭を生やして、目を射るほどに鮮やかな文様を摺り抜いた、大振りな藍染めの衣装をまとって、放免は死の儀式に立ち会う。大鎌を手にした西欧の死神のように、無慈悲で無感動な、どことなく非人間的な冷厳さを漂わせながら、犯罪人としていったん社会の外に追放されたあげくに、奇妙な形で社会復帰を果たしたこの人々は、その場に集まった誰よりも派手やかで、ゴージャスな存在だっ

放免の姿を描いた『法然上人絵伝』(知恩院蔵)

た。そしてこのとき放免がまとっていたすばらしい衣装、それは当時の非人だけに許された、ハレの日の装束なのであった。死神の舞い降りる「祭」の装束に身を固めた放免の姿こそ、まさに「異類異形の輩」の典型である。

自分の先祖が藍染めを職業としていたこともあって、私は紺色をしたものや藍染めの着物などにたいして、とりわけ敏感である。子供の頃、家の広い土間にはまだたくさんの藍瓶が埋め込んであったし、つかわれなくなった藍玉や染色道具も、埃を被ったまま蔵の中にしまい込んであるのを、いつも目にしていた。奥座敷の鴨居には、十九世紀末のパリ万博に出品された中澤徳兵衛の藍が優秀賞を獲得したことを示す、フランス語の表彰状なども飾ってあった。そういうこともあってか、私は藍染めされた布を見ると、いつも心がしめつけられるような感動を覚える。藍で染めた紺青こそ、自分の生命をあらわす色だ、と私はいつしか思うようになった(不思議なことにチベットでは「意識の原初状態」をあらわす色彩として、深い紺青が用いられていることにも、私は驚きと感動を味わった)。

その藍染めが、中世には「異類異形の輩」の好んで身にまとう色彩であり、またその染め模様を大胆にデザインした衣は、供御人や神人のような神仏に近い存在であるぶん世俗の社会では「非人」としての扱いを受ける人々の、身分をあらわす色による標識であったのだ。網野さんの書いたこの論文を読み進めながら、私は不思議な感動を覚えていた。ようやく自分はこの人々の世界に近づくことができる。自分を非人の世界と分け隔てていた壁が崩れ去っていくような、奇妙な感覚である。

天の僥倖によってせっかく「コミュニストの子供」として生まれながら、豊かな資本主義に支えられた市民社会のおとなしい成員を装うことで得てきたもののすべてによって、自分の思考と感性が深く冒されてしまっていることに、その頃の私はようやく気づき出していた。私はそこから抜け出したいと必死になって脱出口を探していた。チベット人たちのところへ行ったのも、たぶんそれが理由だ。しかし青い鳥はここにいたのである。求めていたその脱出口が、藍によって染め抜かれた紺ののれんの向こうに広がっているのを、私はそのときはっきりと見届けることができた。

「おじちゃん、なぜこの人たちは藍染めの装束を着ていたの」

高揚感とともに一気にその場で論文を読み終えた私は、書斎から戻ってきた網野さんにたずねた。

「放免は非人だから、一般社会のタブーを守る必要がない、という論理だと思うよ」

「でも、どうして藍染めの衣をふつうの人たちが着ると、タブー視されたんだろうね」

「そこにも書いたけれど、臓物出来《ぞうぶつしゅつらい》するところの物、だったからさ」

「植物の体を裂いて、外にこぼれ出した植物の臓物で染め抜いた衣というわけなんだね」

「おいおい、君はものすごいことを言うなあ。ものすごい誤読だよ。『臓物』というのは内臓のことじゃなくて、盗んで得た財物って意味だぞ。『贓物』っていうふうに書く書き方もあるぐらいさ。しかし、この誤読はなかなかいいところがあるぞ。非人というものの本質に触れているからなあ。創造的誤読というやつだな」

私ははじめ恐縮したが、すぐにとても愉快な気持ちになってきた。

「おじちゃんの前では、内臓が出てくるって意味でつかうことに、ぼくは決めたよ」

網野さんは笑った。

実際に「摺衣《すりぎぬ》」という衣は、布を文様を彫り込んだ木版の上に直接載せて、これに山藍の葉を摺りつけるという技法でつくられている。自然の内部に隠されているもの（その比喩が、私に言わせれば自然の「臓物」なのだ）を、暴力的に押しつぶしたり、切り開いたりすることによって、自然な身体の外にほとばしらせるわけである。この直接性はまさに非農業民の技術・芸能に特有のものではないか。金掘は地中に潜って、直接金属を取り出してくる。そうして掘り出された鉄鉱石や銅などの不純物を含んだ金属こそ、大地の体内から出来する「臓物」にほかならないではないか。

興味深いことに、藍の摺衣ばかりではなく、放免は綾羅《りょうら》錦《きん》繡《しゅう》の入った目もくらむほどにあざやかな装束を身にまとって、賀茂祭に登場したり、処刑場にあらわれてくる。こうした「婆《ば》裟羅《さら》」な衣を身にまとうことは、一般の人々にはやはりタブーであったとも、網野さんの論文には書かれてあった。

そのとき私の心に浮かんだのは、虹のイメージだった。空中にあざやかな綾羅錦繡の色彩の帯を立ち上げる虹こそ、大地の内部に隠されていた「臓物」を、天空高く出来させるものではないだろうか。虹が空にあらわれたことで、人間の世界には病と死がもたらされたと説明する神話もたくさんある。その逆に、虹が出現する場所にたどり着いたものは、とてつもない幸運と富を手に入れることができる、と語る民話もある。いずれにしても、大地の「臓物」が天空に放出されるという出来事は、それまで自然の皮膚の下に閉じ込められていた力が、外にあふれ出てきてしまうことを意味している。たしかに虹と処刑とは、深い共通性をもっている。

葛の花 踏みしだかれて

考えてみれば「ハレの日」とは、日常生活の中では礼儀作法やタブーや整えられた衣装や取り澄ました制度といった、社会の「皮膚」の下に隠されていた自然力が、人々の眼前にあからさまな露出をおこなってよいという日なのだろう。すると人間の通常の感覚の閾《しきみ》を越えているものが、前面にあらわれてくるような事態がおこる。だからこそ、放免のような連中は並の人間を越えてしまっているという意味を込めて、「非人間＝非人」のカテゴリーにおさめられ、藍摺の衣を身にまとうこともお構いなしの身分となったわけだった。

　話題がそういうところに広がっていったのをいい機会に、私はこの際今まで網野さんにどうしてもたずねてみたいと思ってできないでいた、ひとつの疑問をぶつけてみようと思った。それは紺屋徳兵衛の職業にかかわる、私の長年かかえてきた疑問である。

　十数年前に京都の友人宅を訪問した際に、その家の品のよいお母さんが、私にお家のご職業はとたずねた。まさか父親はコミュニストの活動家で農民を称していますとも言えないので、曾祖父の代までは紺屋をしていましたと答えたのである。すると、それまで和気あいあいとおしゃべりをしていたお母さんの顔にさっと緊張が走り、急にこわばった対応になって、そのうち奥にひっ込んで出てこなくなってしまった。友人も困った様子だった。私はあとになってその理由を知ってびっくりした。そのお母さんの意識にとっては、紺屋という職業が特別の意味合いをもっていたらしいのだ。

　網野さんはこの話を聞くと、大きな目をクリクリさせながら、大きく身を乗り出してきた。私の話に興味をもった真知子叔母までが、二人の会話に加わってきた。

「へえ、そんなことがあったの。私も網野といっしょになってから、職人とか非人とかそんな話ばっかり聞かされてるじゃん。だから私も紺屋徳兵衛さんのことは、ずいぶん前から気になっていたのよ。私がいちおばあさん（中澤徳兵衛の妻、文久三年生まれ）から聞いた話では、紺屋徳兵衛は『仏の徳兵衛』と言われるほど、優しい思いやりのある人だったそうよ。それも度を過ぎた優しさで、乞食なんかが家に施しものを求めてやってくると、大歓迎してご飯を食べさせたり、お風呂にまで入れてやったんだって。芸人や乞食たちも大喜びで、紺屋徳兵衛さんはそういう人たちからずいぶん慕われていたそうよ。それからこれも子供のときに聞いた話だけれど、家には季節になると四国から藍玉職人がやってきて、何ヶ月も寝泊まりして、藍玉をつくる作業をしていったそうで、なんでも四国の職人たちとも深いつながりをもっていたらしいの」

そこで網野さんが、待ってましたとばかりしゃべり出した。

「紺屋徳兵衛さんはそうとうに深く職人の世界にかかわっていた人だと思うよ。芸人や乞食にたいするそのもてなしぶりも尋常じゃない。ぼくはねえ、そのおじいさんはなかなか奥の深い人だったんじゃないかとにらんでいるんだ」

「でもね、網野さん。紺屋であることで中沢家は少しも差別など受けたことはないんだよ。それどころか、峡東地方の名士とまで言われていた。明治時代の『全国紳士録』にも、生糸製造ならびに藍染を業とするといって載せてあるのを見たことがあるさ。紺屋であることは、尊敬されこそすれ、少しも差別の対象となるような職業ではなかったよ。ところが関西へ行くと、紺屋は微妙な感じの対応を受けるようになっちゃう。なぜなんだろう」

「やはり作業で手が紺色に染まってしまうだろう。あれが西日本なんかで差別されたひとつの原因じゃないかと思うんだ。しかし別の理由もあって、これは柳田國男が南方熊楠から聞いた話として『毛坊主考』の中に書いているんだけれど、藍染は発色をよくするために、昔は人骨をつかったらしいんだ。そのために紺屋は墓場を仕事場とする非人と関係を結んでいた。墓場の非人が紺屋を営んでいたという、中世の記録もあるよ。でもそういう差別は、おもに西日本の話さ。東日本では、甲州でも上州でも、養蚕や染色のさかんだった地帯で、藍染の仕事が差別されたなんて話は、ほとんど聞かない。あのあたりでは、信州の一部だけだね、紺屋を差別したりしていたのは。島崎藤村の『破戒』って小説あるじゃないか、あれに部落出身の豪農というのが出てくるけれども、モデルになったのは小諸の大きな紺屋だったという話だよ」

私は自分の体内で、精神的ＤＮＡが強烈な励起をはじめたのを感じた。そのときふいに自分の口から、折口信夫のつぎのような歌がこぼれ落ちてきたのには、びっくりした。

葛の花　踏みしだかれて、色あたらし。
　この山道を行きし人あり（釈迢空『海やまのあひだ』）

「そうか、前から気になっていたこの歌の意味がやっとわかったような気がするぞ。折口さんは信州の山道で、人に踏まれて臓物を出した葛の花を見て感動している。摺衣をまとった放免じゃないけれども、暑い夏の日差しの降り注ぐ、むせかえるような草いきれに包まれた山道で、思いがけず婆娑羅な光景を見て、その中に自分の精神性に通じるものを感じたに違いないよ。だから、この『山道を行きし人』っていうのは、自分と同じように芸人や職人や悪党の世界に通じていく道を歩む人、と読んでいいんじゃないかしら。折口さん自身が、そういう世界から出てきた人だったからね。深読みかなあ」

「ああ、深読みだろうなあ。しかし、いいところは突いている。折口信夫の書いたものには、藍に人骨を混ぜてあざやかな色彩を出してみせる、藍染職人のような精神性を感じるものなあ。だから本物なんだよ、彼の書くものは。折口さんは、聖なるものと差別されるものが、本質的に同じものだったってことが、痛いほどよくわかっていたんだろう」

「でも、おじちゃん、それならばどうして東日本では、紺屋は差別されなかったんだろう」

「これはぼくの仮説だけども、アイヌの人たちは藍をつかって、体に入れ墨をするじゃないか。エゾの人々も、体にきれいな入れ墨をしていたことはあきらかだ。思うに縄文時代の人たちも、土器に描いてあるような文様を、体に入れ墨していたんじゃないかなあ。以前君が言ってたように、未開社会では体に入れ墨をほどこすというのは、自分は動物とは違う聖なる人間存在なんだぞ、という表現をするためだったんだろ。だから、甲州でも上州でも、伝統的に東日本では、体が紺色に染まっていることを奇異だなんて考えもしなかったんじゃないかな。ところが京都を中心にする西日本では、それが逆の意味をもたされるようになったんだ」

「身体の表面を傷つけてそこに藍色を彫り込むことは、臓物や体液を皮膚の外側にさらけ出させるのと同じという、逆の意味になってしまったわけですね」

「そうだよ。原始・未開の文化の意味が、そこではすべて負の意味をもたされるようになっていった。君は非人という言葉の意味を考えてみたことがあるかい」。こういうときに突っ込んでくる網野さんの舌鋒は、がぜん鋭い。

「あるよ。非人すなわち非人間、人間ならざるもの、人間を越えた力の領域に触れているものさ。でも、同じ人間といっても、アイヌの人たちが自分たちを『アイヌ＝人間』と言っているときの人間と、放免や悪党や犬神人たちを見て『あんなの人間やおへん』と言っている人たちの言う人間とには、根本的な違いがあるね。アイヌの人たちは、人間のふつうの能力を越えたものをみんな『カムイ』と呼んでいるじゃない。そこじゃあ、非人間＝カムイ＝聖なるものと考えられていた。カムイの和語がたんなるカミじゃなくて非人間としてのカミなんだと考えると面白いねえ。ところが西日本を中心として、非人間＝非人＝賤しいものというふうに意味の逆転がおこなわれて、そこに組織的な差別というものが発生するようになった。ああ、ぼくはなんていい網野史観の理解者なんだろう」

「いやあ、照れるなあ」

「新ちゃん、上手なんだから。そんなこと言ったら、おじちゃん喜んじゃうよ」。叔母も照れていた。

このことは少し部落史を勉強するようになってから気づいたことなのだけれども、山梨というところは、もともと差別の少ない東日本の中でも、組織的な差別の実例のとりわけ少ない地方なのである。もちろん差別がないわけではないが、周辺の地方に比べても、あきらかに少ない。だから、紺屋徳兵衛も差別などをまったく体験しないで、その生業を堂々と営み続けることができた。しかし、芸人や乞食にたいするその異様な共感や同情ぶりを見ていると、その人の体内に自分がかつては非人間＝聖なるものの末端に連なるものであったという記憶が、むくむくとよみがえってきたのではないだろうか、と考えたくなってくる。そして、精神的DNAに埋め込まれたその記憶は、私の内部でも活動を続け、私が思考するたびに、生命の最深部からそこに不可解なメッセージを送り続けているのだ。

「中沢という家も、たぶん網野という家も、山梨に住みついてきたおかげで、差別を体験しなかったというだけなんだよ。網野の家は丹後の出身だと、ぼくはにらんでいる。日本海に面した小さな漁師町から、甲州にやってきたのが網野の一族だったんだよ、きっと。中世にはあのあたりは武田家の所領だった時代があるからね。アミというからには時宗と関係していたかもしれない。あきらかに常民ではないと思うよ。でも甲州では、中沢も網野も差別などはされなかった。ここなんだよ。ぼくが中世前期にはまだ非人は差別などされていなかった、聖なるものにかかわる特別な人たちであるという意識はあっても、賤しい人間として差別などされていなかった、そういう差別が本格的にはじまるのは南北朝ののちだ、というようなことを書くと、関西の歴史学者なんかから猛烈な反発がやってくるというのは、君も知っているだろう。非人の系譜に連なるものが、今にいたるまで差別されたことなどない世界というのを、そういう歴史学者は体験したことがないんだよ。貧しい甲州は、ヤクザとアナーキストと商人しか生まない土地だと言われてきたけれども、そのおかげで、ほかのところでは消えてしまった原始・未開の精神性のおもかげが、生き残ることができたとも言えるなあ。貧しいということは、偉大なことでもあるのさ」

堂々たる自信をもって生きる非人。アイヌであり、イヌイットであり、真実の人間そのものである非人。これが網野さんの理想の世界をあらわす、ひとつの鮮明なイメージであった。網野さんは「非人」という概念そのものの近世的理解を、根底からくつがえそうとしていた。その言葉に、豊かで肯定的な意味を、真新しく付与しようとしたのだ。非人=非人間は、自然との直接的な交歓のうちに生きる。エロチックな身体と直接性の精神をもって、職人として世界を自らの能力によって創造することのできる者たちだ。生の原理だけでできた、あらゆるものごとが媒介されている世界に生きている者たちを、近代人のやり方で「人間」と呼ぶことにすれば、そこから排除された非人間たちは死のリアルに触れながら、生と死が不断に転換し合う、ダイナミックに揺れ動く世界を生きてきたのだ。

自然の体内から「臓物が出来する」やり方で、色彩や金属や貨幣を取り出してくるための技芸をもち、自分たちの神々もまた「臓物が出来する」ようにして、自然の内奥から出現してくると信じている、本質において唯物論的な人々。人類の原初の知的能力を保存している者たちにほかならないこの非人間たちを差別に追い込む社会を、根底からくつがえしていくための歴史学を、網野さんは構想し、現実化しようとしてきた。

世界に堂々たる非人を取り戻すことによって、網野さんは人間を狭く歪んだ「人間」から解放するための歴史学を実現しようとしたのである。「百姓」を「農民」から解放する。人民を「常民」から解放する。この列島に生きてきた人間を「日本人」から解放する。そして列島人民の形成してきた豊かなCountry's Beingを、権力としての「天皇制」から解放する。こうして、網野善彦のつくりあげようとした歴史学は、文字どおり「野牛の異例者」としての猛々しさと優雅さをあわせもった、類例のない学問として生み出されたのである。

終章　別れの言葉

さあ、もうそろそろ終わりにしよう。この長大な追悼文にも筆を擱くときが来たのだ。『異形の王権』が書かれていた頃が、網野さんと私のまじわりの、ちょうど夏の真昼にあたる時間だった。太陽は天頂にあって、地上に落ちる影はどこまでも正しく、語り出された言葉は寸分の狂いもない正確さで、相手の心に届けられていた。それから、太陽はしだいに西の空に傾いていったのである。

歴史学のスーパースターとなった網野さんは、これまでのようにじっくりと雄牛の歩みでものを考え、本を書くということがしだいに難しくなっていった。私は私で世間に追いまくられていた。私が煩瑣な仕事ややっかいな事件に引きずり回されているうちに、あんなにも透明な通路の中を、なんの障害もなく二人のあいだを自由に行き来していた言葉が、なんとなく通じ合えなくなることが多くなった。そんな不幸な状態が何年も続いているうちに、網野さんは重い病気になってしまった。

私はかつて網野さんとのあいだに実現されていた、あの透明なまじわりを取り戻したいと切に願った。そこで父親の夢でもあった、石の神の思想を主題とする一冊の本を書こうときめた。それを書くことで、三十年以上も前に、まだ若かった網野さんや父親といっしょに同じ問題を議論し合った、あの清明な日々を取り戻したかったのである。私がその本を書いているあいだにも、網野さんの病状は日増しに悪化していった。たまに訪ねていっても、酸素吸入器の力を借りて、ようやく言葉を吐き出しているという状態が続いていたが、精神は少しも衰えてはいなかった。

ようやくその本、『精霊の王』ができあがって、私はそれをすぐに網野さんに速達で送った。それから数日して、携帯電話に真知子叔母からの呼び出しがあった。

「新ちゃん、新しい本ありがとう。おじちゃんもとっても面白いって誉めてたわ。私も今読んでるところ。厚兄さんにも読ませたかったわね。今おじちゃんが電話に出たいって」

しばらく待っていると、ほんとうに網野さんが電話口に出てきた。

「新ちゃんですか。おじちゃんです。『精霊の王』読みました。とてもよかったよ。また遊びにおいでね」

ゆっくりとここまでしゃべるのが精一杯の様子だった。ぜいぜいと息が切れて、もう言葉にならなかった。しかし、それだけでじゅうぶんだった。二人が五十年近くも前にはじめて出会ったその日のように、ういういしい心がおたがいのあいだを流れ合うことができていたからだ。叔母が代わった。

「ごめんなさいね。おじちゃん、もうこれぐらいしかしゃべれなくなっちゃったの。会いたいからそのうちまた来てね」

それで電話は切れた。すぐに、これが網野さんと言葉を交わす最後になってしまうだろうという予感が襲ってきた。あとからあとからとめどもなく涙があふれてきた。私はほんとうに網野さんが好きだったのだ。ほかの誰よりも好きだった。

死は人生最善の友である。それに網野さんは揺るがない魂をもつ唯物論者だから、きっと恐れずにこの最善の友の手に、自分をゆだねていくのだろう。人生は神秘にみちている。私は自分が網野さんのような人と出会い、叔父と甥の関係をとおして親友のように仲よくなり、たがいが心に思うことを存分に語り合うことができた、そのことにかぎりない人生の神秘を感じるのだ。私は思うさま泣いて、そして深く感謝した。このようなつたない人間でしかない私を最後まで心からかわいがってくれた「僕の叔父さん」、長いあいだほんとうにありがとうございました。

あとがき

私は記憶力にあまり自信のあるほうではないのだけれども、子供の頃から、網野さんと会ったときのことやそのときの会話の内容などを、じつに鮮明に憶えている。このことは自分でも驚くほどである。

たとえば、五歳になるかならないかの頃、はじめて網野さんが自分の目の前にあらわれた朝のことなどは、記録映画の画面のようにはっきり憶えている。その日、新しい親族へのひとおりの挨拶をすませた網野さんといっしょに、私は庭の散歩に出た。庭には白いハナニラが咲き乱れ、その花の向こう側を飼っていたニワトリがせわしげに歩き、飼い猫は寝たふりをしながら、その様子を縁側から目で追っていた。さわやかな空気の感触に包まれて、私は新しく叔父さんになったこの背の高い男の人と手をつないで庭を歩きながら、幸福を感じていた。そのとき自分の目が見ていた光景を、はっきりと思い出すのである。

名古屋時代の網野さんとの数々の思い出も、じつに鮮明だ。あれはたしか、いとこの徹哉君や房子ちゃんといっしょに、はじめて名古屋大学の研究室に出かけた日のことだった。研究室の本棚にはまだ本がまばらにしか並んでいなかったから、赴任して一年もたっていない頃だったかもしれない。網野さんは私たちを名古屋城見物に誘った。自分もまだ行ったことがないので、いい機会だねと、網野さんは言った。私たちは地下鉄に乗ってウキウキと名古屋城に向かった。

天守閣に登ると、そこには望遠鏡が備えつけてあった。望遠鏡はおあつらえ向きのように、相生山団地の方角に向けてすえられていた。百円玉をつぎつぎと投入しながら、網野さんもいとこたちも夢中だった。「おいおい、見えるぞ。うちの団地だよ。ああ、前にある棟が邪魔になって、うちの棟が見えない」

「ねえねえ、お父さん、小学校も見えるよ。ああ、お金が切れちゃった」。みんなできゃあきゃあ言ってひとしきり楽しんだあと、新ちゃんはなにが食べたいかい、と網野さんがたずねるから、やっぱり山本屋の味噌煮込みうどんでしょう、と答えると、みんなも大賛成して、そのままにぎやかに階段を駆け下りて、また地下鉄に乗り込んだのだった。

味噌煮込みうどんを注文してできてくるのを待っているときだった。急に網野さんが慌て出した。「あれ、ぼくはたしかに大学を出るときは鞄を提げていたよなあ」「うん、たしかもってたよ。あれ、どこいったんだろう」「ないんだよ。どこへやったんだろう」「あのときじゃない。お城で望遠鏡のぞいてそのまま置いてきちゃったんじゃないの」「そうだ。それに違いない。困ったなあ、ぼくは大学を首になっちゃうかもしれないぞ」「ええ、どうして」「あの鞄の中には、大学院の入学試験の答案用紙が入れてあったんだ。参ったなあ、ぼくは首だよ」

運ばれてきた味噌煮込みうどんをそのままにして、お代を払うと私たちは大急ぎでタクシーを飛ばして、名古屋城に向かった。網野さんの顔は真っ青だった。「もうないだろうなあ。誰かがもっていっちゃったに違いない」「そんなものもってく人いないよ」「いや、わからないぞ。そうなったら、ぼくは首だ」。私たちは天守閣への急な階段を大慌てで駆け上った。

顔を引きつらせて階段を駆け上るこの一団を、のどかな表情の観光客たちが驚いたような表情で見ていた。心臓をドキドキさせながら、天守閣の最上階に着いた。すると、黒光りをした床の向こうには青空を切り取って小さな窓が開かれ、そこにすえつけられた望遠鏡の足許には、網野さんがいつももち歩いているあのよれよれの黒い鞄が、置き忘れられたときのまま、きちんとした表情をして静かに置かれていたのだった。私たちはみんなで顔を見合わせて笑った。さっきまで青くなっていた網野さんはたちまち元気を取り戻して、またうどんを食べ直そうと言った。そのときの天守閣の黒光りのする床に反射していた光を、私はまざまざと思い出すのだ。

網野さんが亡くなってまだ間もない時分、この追悼文を書きはじめた私は、こうした光景がつぎからつぎへと記憶の奥からよみがえり、自分に向かって押し寄せてくるのを体験して、少しばかり怖くなっていた。この文章の大半の部分を、私は山梨の実家で書いた。夜更けにこれを書いていると、仕事をしている部屋の隣の座敷部屋から、昔のように父親や護人叔父や網野さんが議論し合っている声が聞こえてくるような幻想に、何度も襲われた。この文章を書いていたとき、私は少々異常な精神状態にあったようだ。

私がそっと襖を開けると、人のいないはずの座敷には煌々と白色電球が灯り、そこに父親や網野さんが座って私のほうを見上げているのが、見えてくるようだった。「新、どこへ行っていたんだ」と父親が話しかけてくる。「新ちゃん、今まで勉強かい。入ってきていっしょに話をしよう」と網野さんが微笑みかけてくる。死んでしまったはずの人たちが、また昔のようにそこにいるように感じられ、忘れていたはずの思い出が、つぎからつぎへと驚くほどの鮮明さでよみがえってくるのだった。

この文章を私は、死者たちといっしょになって書いたような気がしてしようがない。時間と空間が序列をなくして、記憶の破片が自由に飛び交うようになっていた。そして死者たちが自分の思いを、私の書いている文章をとおして、滔々と語り出したのである。ものを書いていてこんな体験をするのははじめてだった。『フィネガン徹夜祭』を書いているときのジョイスや、夜中にひとり『死者の書』を書いている折口信夫の精神の中で進行していた事態を、私ははじめて内面から理解することができたように感じた。

古代人が「オルフェウスの技術」と呼んだものをとおして、人は亡くなった人々や忘れ去られようとしている歴史を、現在の時間の中に、生き生きと呼び戻そうとしてきた。墓石や記念碑を建てても、死んでしまった人たちは戻ってこない。それではかえって死んだ人たちを遠くに追いやってしまうだけだ。リルケの詩が歌っているように、記念の石などは建てないほうがよい。それよりも、生きている者たちが歌ったり、踊ったり、語ったり、書いたりする行為をとおして、試しに彼らをよみがえらせようと努力してみることだ。

網野さんの歴史学が、まさにそういう行為をめざしていたのではないだろうか。実証的な歴史学は、すでに消え失せた世界のために記念の石を建てることはできるが、それが真実の歴史学となるためには、まだそこにはなにかが決定的に欠けている。網野さんが豊かな想像力と批判精神をとおして創造しようとした歴史学は、墓石も記念碑もなく土の下に埋葬されてきた人間たちのために、記憶の大地にみずみずしい花を咲かせようとすることだった。

来るべき歴史学は「オルフェウスの技術」から、多くのことを学ばなければならないだろう。歴史はつねに自分が語りたかったことを語り損ねる。その語り損ねた思いや欲望を掘り起こしつつ、歴史学は実証的な現実というものを越えていかなくてはならないのではないだろうか。人はみな運命に抗おうとする自由が、自分の内面に動き続けているのを知っている。それと同じように、歴史学は現実の世界をつくりあげる運命だけではなく、それに抗って別の世界を切り開いていこうとする自由な意志が、たえまない活動を続けていることをも語ることができなくてはならない。網野さんの創造しようとした歴史学にあっては、その自由への意志が鋼鉄のような強さをもって、現実原則への執拗なたたかいを続けていた。私は自分なりの「オルフェウスの技術」をもって、網野さんのその思いをよみがえらせたかったのである。

この文章は、はじめ文芸雑誌「すばる」に三回にわたって連載されたものをもとにしている。編集の長谷川浩さんにはじめ依頼されたのは短い追悼文だったが、それを書いているうちに、追憶はあとからあとからあふれかえり、とうとう一冊の本になってしまった。それにしても長谷川さんの勧めがなければ、こういうものは生まれなかっただろうと感謝する。集英社新書編集長の鈴木力さんは、かつて私が困難のうちに苦しんでいたとき、「週刊プレイボーイ」の編集長の立場にあって、文字どおり身を挺して私に救いの手を差し伸べてくれた人である。自分が最上の文章を書けたと思うときに、それを鈴木さんの手で本にしていただくことで、私はいつかその友情に報いたいと願ってきた。それがこのようなかたちで実現できたことに、私は深いよろこびを感じている。網野真知子さんは、私には叔母にあたる人であるが、この人が私の記憶違いや不正確な記述を指摘してくださったおかげで、この本は事実に関しても信用度の高いものになることができた。それればかりではない。この叔母が網野さんと出会い、恋愛をして結婚にまでこぎつけ、その後の長い人生をともにしてくださったおかげで、私は網野さんを「僕の叔父さん」にもつことができたのである。だからほかの誰よりも感謝しなくてはならないのは、この真知子叔母ではないかと思う。

さて最後に、この文章はたしかに「極私的網野論」としての、特殊に私的な性格をもっているが、私としては、将来網野さんの評伝などを書こうという人があらわれたとき、そういう人の役にも立てるようにと心がけて書いた。この中で網野さんが語っている言葉は、実際に語られたままではないかもしれないが（記憶が現在の私の思考のフィルターを通過してくるときに、変形されている部分がかならずできるはずである）、そのとき網野さんが語ろうとした「思想内容」については、できるだけ等身大のものであるようにと心がけている。事実の正確さと「オルフェウスの技術」を結合することが、この本での私の挑戦だった。

本書は「すばる」二〇〇四年五月号〜七月号に連載した「僕の叔父さん――網野善彦の思い出」に、大幅に加筆・訂正したものです。

中沢新一（なかざわ しんいち）

一九五〇年、山梨県生まれ。東京大学大学院人文科学研究科修士課程修了。宗教学者・哲学者。中央大学教授。『チベットのモーツァルト』（せりか書房）でサントリー学芸賞、『森のバロック』（せりか書房）で読売文学賞、『哲学の東北』（青土社）で斎藤緑雨賞、『フィロソフィア・ヤポニカ』（集英社）で伊藤整文学賞、『カイエ・ソバージュ　対称性人類学』（講談社）で小林秀雄賞を受賞。他に『緑の資本論』（集英社）『精霊の王』（講談社）など著書多数。

僕《ぼく》の叔父《おじ》さん　網野善彦《あみのよしひこ》

二〇〇四年一一月二二日　第一刷発行　集英社新書〇二六九D

著者……中沢新一《なかざわしんいち》
発行者……谷山尚義
発行所……株式会社集英社
東京都千代田区一ツ橋二-五-一〇　郵便番号一〇一-八〇五〇
電話　〇三-三二三〇-六三九一（編集部）
〇三-三二三〇-六三九三（販売部）
〇三-三二三〇-六〇八〇（制作部）
装幀……原　研哉
印刷所……大日本印刷株式会社　凸版印刷株式会社
製本所……加藤製本株式会社
定価はカバーに表示してあります。

ISBN 4-08-720269-0 C0223

Printed in Japan

a pilot of wisdom

a pilot of wisdom